Julia Burget

Low-Carb-Gemüsenudeln

Julia Burget

Low-Carb-Gemüsenudeln

TRIAS

6 **Liebe Leserin, lieber Leser!**

9 Gesunder Genuss – Nudeln Low Carb

10 **Warum Low-Carb-Pasta?**
10 Was ist Low Carb?
11 Was sind Kohlenhydrate?
12 Welches Fett eignet sich für eine Low-Carb-Ernährung?
14 Was bewirken Kohlenhydrate?
15 Wie viele Kohlenhydrate brauchen wir?
16 Wie schaut die optimale Nährstoffverteilung aus?
16 Wie fängt man am besten an?
17 Beispiele für Low-Carb-Tage
18 Ein wenig Gerätekunde …
20 Spezialzutaten zum Kochen
23 Tipps für die perfekte Zubereitung

25 Gemüsenudeln – die Rezepte

26 **Vorspeisen und Kleinigkeiten**

40 **Veggie-Hauptgerichte**

58 **Hauptgerichte mit Fisch & Fleisch**

74 **Süße Nudeln**
88 Zutaten-Register

Mit Gemüsenudeln zum Glück

Low Carb und glücklich werden, das hängt bei mir ganz eng zusammen. Seit meiner frühen Teenagerzeit bin ich auf der Suche nach einer gesunden Ernährung, mit der ich mich rundum wohlfühle und nicht das Gefühl habe, auf etwas zu verzichten. Nach dem Ausprobieren zahlreicher, ganz unterschiedlicher Ernährungsformen bin ich schlussendlich bei Low Carb gelandet und fühle mich seitdem rundum glücklich, und auch die vielen Heißhungerattacken auf ungesunde »Lebensmittel« sind verschwunden. Durch diese Veränderung hat es *Klick* gemacht: Gesunde Ernährung ist überhaupt nicht kompliziert. Wir müssen nur damit anfangen, auf natürliche Lebensmittel zurückzugreifen.

Vielleicht hattest du einen ähnlichen *Aha!-Moment* und probierst ganz einfach einmal eine neue Ernährungsform aus oder ersetzt einzelne Mahlzeiten durch gesunde Alternativen. In jedem Fall möchte ich dir mit diesem Buch zeigen, dass du trotz gesunder Ernährung auf nichts verzichten musst, ganz besonders nicht auf deine geliebte Pasta. Durch spiralisiertes Gemüse kannst du unheimlich leckere Nudelgerichte zaubern, ohne dich danach schlecht zu fühlen. »Schlemmen mit viel Genuss aber ohne Reue«, ist hier das Motto.

Für Andrej (meinen Freund) und mich war die Umstellung auf diese Ernährung eine echte Bereicherung. Wir waren davon sogar so begeistert, dass wir *der ganzen Welt* davon erzählen wollten und einen Blog für gesunde Ernährung gegründet haben (lachfoodies.de). Auf dieser Website berichten wir von unseren Low-Carb-Erfahrungen, präsentieren leckere Rezepte und geben Dir viele Motivationstipps rund um eine gesunde Ernährung und Fitness. Das wichtigste ist, dass Du dich selbst magst, glücklich bist und wohl in deinem Körper fühlst.

Ich wünsche Dir viel Spaß beim Kochen und Genießen!
Julia

Gesunder Genuss – Nudeln Low Carb

Wenig Kohlenhydrate essen und trotzdem Pasta genießen – so funktioniert's

Warum Low-Carb-Pasta?

Auch wenn sich das jetzt schrecklich gesund anhört, musst du bei Low Carb auf nichts verzichten. Du kannst nach wie vor Brot, Kekse und sogar Pasta essen. Das Einzige, was sich ändert, ist die Zubereitungsform.

Statt für ein leckeres Pasta-Gericht eine Packung Nudeln in kochendes Wasser zu werfen, schneidest du ein frisches Stück Gemüse in feine Streifen, bereitest eine leckere Sauce zu und genießt deine Mahlzeit ganz ohne Reue oder ein späteres Völlegefühl. Du tust dir selbst etwas Gutes, versorgst deinen Körper mit allen wichtigen Nährstoffen und verzichtest dabei auf nichts. Sicher wird es dir erst ein wenig komisch vorkommen, keine »normalen« Nudeln auf dem Teller zu haben. Aber wenn du dich daran gewöhnt hast, wirst du sie auch nicht mehr vermissen. Denn alle Gerichte, die ich dir hier zeige, sehen toll aus, machen glücklich und sorgen für Lust beim Schlemmen.

Was ist Low Carb?

Vor vielen, vielen Tausenden von Jahren gab es noch kein Brot und keine Gummibärchen. Vor etwa 10.000 Jahren wurde das erste Mal Getreide aktiv angebaut. Zuckerrohr ist noch viel jünger und wurde erst einige Jahrhunderte v. Chr. aktiv angebaut. Nahrungsmittel mit Weizen und Zucker sind also erst in den letzten tausend Jahren entstanden und haben im Laufe der Zeit immer stärker überhandgenommen. Die wichtigen Nährstoffe, die wir für das Überleben brauchen, stecken jedoch gar nicht in kohlenhydrathaltigen Lebensmitteln wie Brot, Reis oder Pasta, sondern vor allem in Gemüse, Fisch und Fleisch.

Doch nach und nach hat sich unsere Ernährung so entwickelt, dass wir anfingen Kohlenhydratbomben allen anderen Lebensmitteln vorzuziehen. So kam es, dass unsere Ernährung heute zu großen Teilen aus kohlenhydratreichen Lebensmitteln besteht, sprich Brot, Reis, Nudeln, Fruchtsäften oder Süßigkeiten. Der Trend ist einerseits nachvollziehbar, denn diese Lebensmittel halten sich lange, lassen sich gut vorbereiten und mitnehmen. Doch wirklich gesund sind sie für uns nicht. Es wird also Zeit, uns weiterzuentwickeln, Zucker und Weizen hinter uns zu lassen und wieder ein bisschen mehr von dem zu essen, was unsere Vorfahren gegessen haben. Und so kommen wir auch schon zu Low Carb, einer Ernährungsform, bei der die kohlenhydrathaltigen Lebensmittel reduziert und durch weitaus nährstoffreichere Alternativen ersetzt werden, die unserem Körper das geben, was er wirklich braucht.

Was sind Kohlenhydrate?

Unsere Nahrung ist aus Kohlenhydraten, Eiweiß und Fett zusammengesetzt. Kohlenhydrate sind dabei schnell verfügbare Energie. Der Körper verbraucht diese Energie sofort oder lagert sie in Form von Fett ein (dazu später mehr, siehe »Was bewirken Kohlenhydrate«, S. 14). Bei einer Low-Carb-Ernährung wird der Anteil kohlenhydrathaltiger Nahrungsmittel reduziert und die Energie stattdessen aus fetthaltigen Lebensmitteln gewonnen. Warum Fett und nicht Eiweiß? Weil Eiweiß für unseren Körper eher einen Baustoff als einen Energielieferanten darstellt. So benötigen wir Eiweiß beispielsweise zum Aufbau von Muskeln. Überschüssiges Eiweiß wird aber im Körper in Glukose umgewandelt und hat eine ähnliche Auswirkung auf unseren Insulinspiegel wie Kohlenhydrate (dazu später mehr, siehe »Was bewirken Kohlenhydrate«).

Welches Fett eignet sich für eine Low-Carb-Ernährung?

Nicht jedes Fett tut unserem Körper gut, daher ist es wichtig, auf die Produkte zu achten. Besonders gut eignen sich Butter von Weidekühen, Kokosöl und andere kaltgepresste Nussöle. Bei der Butter ist die Aufzucht der Kuh besonders wichtig, da die Milch viel mehr Omega-3-Fettsäuren enthält, wenn die Kuh frisches Gras auf einer Weide bekommen hat. Isst sie nur Kraftfutter und Mais, ist der Anteil dieser Fettsäuren deutlich geringer. Omega-3-Fettsäuren wirken entzündungshemmend und sind daher extrem wichtig für uns.

Auch Omega-6-Fettsäuren brauchen wir, aber sobald wir zu viele zu uns nehmen, wirkt sich das entzündungsfördernd auf unseren Körper aus. In vielen Produkten, die während der Produktion erhitzt wurden, wie Margarine, Sonnenblumenkern- oder Rapsöl, sind diese Fettsäuren enthalten. Hier kommt es auf das Verhältnis der Omega-Fettsäuren an.

An Nussölen eignet sich besonders gut Kokosöl zum Kochen, da es aufgrund seiner zahlreichen gesättigten Fettsäuren das hitzebeständigste Nussöl ist. Des Weiteren enthält Kokosöl Laurinsäure (eine Fettsäure), die sich antibakteriell auswirkt. Andere Nussöle sollten nicht erhitzt werden. Viele Öle verändern ihre chemische Struktur, sobald sie erhitzt werden. Für die Zubereitung von Salaten eignen sich besonders gut kaltgepresste Öle. Deshalb solltest du auch ruhig verschiedene Ölsorten im Hause haben, am besten in kleinen Flaschen, damit sie nicht ranzig werden.

Das ist vielleicht im ersten Moment eine große Umstellung für dich. Jahrelang wurde das Fett verteufelt und Low-Fat-Produkte wurden so viel gekauft wie nie zuvor. Doch ich verspreche dir, es wird sich lohnen und deine Gesundheit wird es dir danken. Auch bei mir lag zu Beginn die größte Umstellung darin, zu Vollfettprodukten zu greifen und auf alle fettarmen Alternativen zu verzichten. Ab sofort gab es also wieder Olivenöl, Sahne, Vollmilch (3,5 % Fett) und Frischkäse mit Doppelrahmstufe. Abgesehen von dem psychischen Aspekt (Ich soll Fett essen, um schlank zu bleiben?) war das absolut kein Problem. Ich fühle mich seitdem wunderbar, energiegeladen und voller Motivation. Und das Beste an einer Ernährung mit wenig Kohlenhydraten und dafür mehr Fett ist, dass du dich wieder auf deinen Körper verlassen kannst. Wenn du

Hunger hast, braucht dein Körper tatsächlich Energie und hat nicht nur Heißhunger auf Süßigkeiten. Warum das so ist, erfährst du im nächsten Absatz.

Was bewirken Kohlenhydrate?

Wenn du etwas Kohlenhydrathaltiges isst, gelangt dieser Zucker in dein Blut und der Blutzuckerspiegel steigt an. Damit er wieder gesenkt wird, muss das Hormon Insulin ausgeschüttet werden. Dieses teilt den Zellen mit, dass Glukose verfügbar ist und aufgenommen werden soll. Denn täte sie das nicht, ginge es uns schon bald nicht mehr so gut. Uns würde schlecht werden, wir würden umkippen oder im schlimmsten Fall sogar ins Koma fallen. Nach einem Anstieg pendelt sich der Blutzuckerspiegel nicht sofort wieder im Normalbereich ein, sondern er sinkt unterhalb des Normalbereichs und wir bekommen schon bald wieder Hunger, essen etwas (Zuckerhaltiges) und der Prozess beginnt wieder von vorn. Wir essen in dem Fall nicht unbedingt, weil der Körper tatsächlich Energie benötigt, sondern weil wir aufgrund des fallenden Blutzuckerspiegels Hunger bekommen. Zusätzlich sorgt Insulin während des Prozesses dafür, dass kein Fett abgebaut wird, da der Körper ja gerade ausreichend Zucker im Blut hat, der abgebaut werden soll – ein Teufelskreis.

Dieser Prozess läuft ähnlich ab, wenn du viel Proteine und kaum Fett zu dir nimmst. Daher ist es so wichtig, die Kohlenhydrate in erster Linie durch Fett zu ersetzen und die Proteinmenge wie gehabt beizubehalten.

Wusstest du, dass auch Obst sehr viel Zucker enthält? Hier spricht man von Fruchtzucker bzw. Fruktose. Man kann seinen Blutzuckerspiegel also auch durch Obst in die Höhe treiben. Wie hoch der Kohlenhydratanteil jeweils ist, hängt ganz von der Obstsorte ab. Während Bananen oder Ananas sehr viel Fruchtzucker enthalten, ist der Anteil bei Beeren eher gering. Vielleicht kennst du das Gerücht, dass in Obst alle wichtigen Vitamine stecken. Das stimmt so nicht ganz. Obst enthält zwar viele Vitamine, aber diese kommen in Gemüsesorten meist in einer viel höheren Konzentration vor. Ein Beispiel: Der Vitamin-C-Gehalt der Orange liegt bei etwa 50 mg/100 g. Der Vitamin-C-Gehalt einer roten Paprika liegt hingegen bei etwa 140 mg/100 g. Er ist also deutlich höher als der der Orange.

Doch warum sollen wir sogar weniger Obst essen? Nur wegen der Kohlenhydrate? Unsere Vorfahren hatten immer nur einmal im Jahr Obst zur Verfügung. Immer dann, wenn Erntezeit war. Dann wurde das Obst gegessen und eingelagert. Wenn es aufgegessen war, mussten sie wieder bis zur nächsten Erntezeit warten. Damals wurden also nur in einem Teil des Jahres Kohlenhydrate geschlemmt, zu allen anderen Zeitpunkten war die Ernährung kohlenhydratreduzierter. Dazu kommt auch, dass es damals keine Kohlenhydratbomben wie Süßigkeiten oder Nudeln gab. Selbst zu Höchstzeiten hat sich der Kohlenhydratanteil der Ernährung somit auf ein Mindestmaß beschränkt. Das bedeutet natürlich nicht, dass du komplett auf Obst verzichten musst, aber achte auch bei Obst auf den Kohlenhydratanteil.

Sogar Ballaststoffe sind Kohlenhydrate? Sie zählen zu den sogenannten unverwertbaren Kohlenhydraten. Das bedeutet, dass sie unverdaut wieder ausgeschieden werden. Dazu zählen alle pflanzlichen Zellmembrane. Ballaststoffreiche Lebensmittel sind zum Beispiel Leinsamen, Hülsenfrüchte oder Rohkost. Ballaststoffe fördern die Verdauung, können Giftstoffe binden und machen satt, da sie aufquellen. Es ist wichtig, zu einer ballaststoffreichen Ernährung viel Wasser zu sich zu nehmen, damit man keine Bauchschmerzen bekommt.

Wie viele Kohlenhydrate brauchen wir?

Es gibt Richtwerte, doch diese variieren natürlich je nach Alter und Aktivität. Sehr aktive Menschen verbrauchen die gelieferte Energie quasi sofort und können daher mehr Kohlenhydrate essen als weniger sportliche Menschen. Wir empfehlen als Höchstwert etwa 120 g Kohlenhydrate am Tag, und das am besten in Form natürlicher Lebensmittel. Gemüse, Salat, Nüsse, Fleisch, Fisch und gelegentlich auch Obst liefern dir alle wichtigen Nährstoffe, die dein Körper braucht.

Grundsätzlich gilt jedoch, dass der Mensch eigentlich keine Kohlenhydrate braucht, denn die überlebenswichtigen Organe kann der Körper mit selbst hergestellter Glukose versorgen. Mach dir also keine Sorgen, dass du zu wenig Kohlenhydrate aufnimmst. Iss ganz einfach, wenn du Hunger hast, und versuche, die Kohlenhydratmenge soweit wie möglich zu reduzieren. Dadurch versorgst du den Körper ausreichend mit Energie.

Je nachdem ob du abnehmen möchtest, viel Sport machst oder dich nur wenig bewegst, kannst du mehr oder weniger Kohlenhydrate essen. Ganz wichtig ist es jedoch, dass du dich damit wohlfühlst. Wenn du dich zwingst, nur 50 g Kohlenhydrate am Tag zu essen, und dich aber viel besser fühlst, wenn du 120 g Kohlenhydrate pro Tag ist, dann solltest du auf deinen Körper hören. Manchmal brauchen wir ein bisschen mehr als an anderen Tagen. Auch wenn es einmal entgegen deiner Überzeugung ein bisschen mehr wird, dann ärgere dich nicht, denn eine Low Carb Ernährung ist ein Lifestyle und keine kurzfristige Diät. Du selbst sollst dich mit deiner Ernährung wohlfühlen.

Wie schaut die optimale Nährstoffverteilung aus?

Genaue Zahlen kann ich dir nicht nennen, aber Folgendes hilft dir zu Orientierung. Der Kohlenhydratanteil von 120 g pro Tag macht etwa 25 % des Tagesbedarfs aus. Die empfohlene Eiweißmenge liegt unverändert bei etwa ca. 60 g. Das entspricht etwa 10–15 % des Tagesbedarfs. Der Fettbedarf liegt damit bei etwa 60–65% des Tagesbedarfs (ca. 135 g).

Wie fängt man am besten an?

Ich empfehle dir, die Ernährung Schritt für Schritt umzustellen. Lies dich in das Thema ein und beginne, eine Mahlzeit nach der anderen umzustellen. Ich habe damals mit dem Abendessen begonnen. Zum Beispiel gab es Gemüsenudeln statt der üblichen Weizennudeln oder Fisch mit viel Gemüse und Olivenöl anstelle von Reis. Als ich mich daran gewöhnt hatte, kam das Low-Carb-Frühstück dazu. Statt Brot belege ich Gurkenscheiben mit Käse oder Ei und ab und zu esse ich morgens ein Low-Carb-Müsli oder backe Low-Carb-Waffeln. Als ich mich dann langsam an die neue Ernährung zuhause gewöhnt hatte, habe ich auch unterwegs kohlenhydratarme Alternativen gesucht. Nach ein paar Wochen habe ich meine Mahlzeiten für einige Tage aufgeschrieben und festgestellt, dass ich nur noch um die 50 g Kohlenhydrate am Tag zu mir nehme.

Von einem Tag auf den anderen würde ich die Ernährung nicht umstellen, denn dann fielen auch viele Gewohnheiten weg und es würde doppelt so schwer, sich an so viel Neues zu gewöhnen. Vielleicht stellst du auch fest, dass du dich nur abends mit Low Carb wohlfühlst, dann ist das auch in Ordnung. Ganz wichtig ist es, dass du eine zu dir passende Form der Ernährung findest. Ich bin mir sicher, dass du nur einen gesunden Lebensstil entwickeln kannst, wenn du davon überzeugt bist und dich damit gut fühlst – nicht zu verwechseln, mit Gelüsten auf ungesunde Süßigkeiten, weil du eventuell keine Zeit für ein vernünftiges Essen hattest. Also achte auf dich und informiere dich über deine Ernährung.

Beispiele für Low-Carb-Tage

Um das nun noch ein bisschen zu veranschaulichen, zeige ich dir 3 typische Low-Carb-Tage bei mir. An manchen Tagen ist das natürlich auch ein bisschen mehr oder weniger. Das hängt immer ganz davon ab, ob ich für unterwegs etwas vorbereitet habe. Der Kohlenhydratanteil ist dabei ein bisschen geringer, als er das bei dir vermutlich zu Beginn sein wird. Welcher Kohlenhydratbereich für dich ideal ist, wirst du bald herausgefunden haben. Zusätzlich dazu trinke ich den ganzen Tag über viel Wasser. Damit das nicht so langweilig bleibt, gebe ich immer mal wieder Zitrone, Gurke oder Beeren in eine Wasserkaraffe. Du findest dazu mehr im Internet unter dem Stichwort »Infused Water«. Auch wenn ich Gemüsenudeln liebe, gibt es sie noch nicht zum Frühstück. Die Frühstücksrezepte findest du auf meinem Blog lachfoodies.de.

Tag 1:

- **Frühstück:** 2 Eier mit Käse, eine Handvoll Tomaten, Gurkenscheiben und eine große Tasse Kaffee mit Milch (4 g Kohlenhydrate).
- **Vormittags:** eine Handvoll Paranüsse als Snack (4 g Kohlenhydrate).
- **Mittagessen:** Pastaauflauf mit Hackbällchen (7 g Kohlenhydrate).
- **Nachmittagssnack:** 1 Gurken-Schokoladen-Muffin (2 g Kohlenhydrate)
- **Abendessen:** Paprika-Pasta mit einer

sahnigen Lauchsauce (ca. 25 g Kohlenhydrate).

- **Tagesbilanz:** 42 g Kohlenhydrate.

Tag 2:

- **Frühstück:** 4 x Low-Carb-Quarkbrötchen mit Frischkäse und eine große Tasse Milchkaffee (6 g Kohlenhydrate)
- **Vormittags:** 1 gekochtes Ei (1 g Kohlenhydrate)
- **Mittagessen:** Spinat-Ricotta-Pfanne mit Sellerienudeln (14 g Kohlenhydrate)
- **Snack:** Gurke mit Avocado-Dip (13 g Kohlenhydrate)
- **Abendessen:** Band-Zudeln mit Sahne-Lachs-Sauce (6 g Kohlenhydrate)
- **Tagesbilanz:** 40 g Kohlenhydrate

Tag 3:

- **Frühstück:** Low-Carb-Brötchen mit Leinsamen und 2 Spiegeleiern und eine große Tasse Milchkaffee (ca. 7 g Kohlenhydrate)
- **Vormittags:** eine Handvoll Paranüsse als Snack (4 g Kohlenhydrate).
- **Mittagessen:** Rindfleisch-Kräuter-Salat (4 g Kohlenhydrate)
- **Snack:** 1 Handvoll Paranüsse (4 g Kohlenhydrate)
- **Abendessen:** Bunte Gemüsenudeln mit Gorgonzolacreme (20 g Kohlenhydrate)
- **Tagesbilanz:** 39 g Kohlenhydrate

Ein wenig Gerätekunde ...

Gemüsenudeln kannst du mit ganz unterschiedlichen Hilfsmitteln herstellen. Entweder verwendest du ein scharfes Messer und schneidest das Gemüse in sehr feine Streifen oder du verwendest spezielle Küchenhelfer für Gemüsenudeln.

Es gibt eine große Auswahl an Spiralschneidern, ich persönlich habe jedoch drei Favoriten, die ich je nach Gemüsesorte verwende.

Ganz simpel beginnt es bei einem **Julienneschäler**. Das ist ein Schäler, der dem Kartoffelschäler ähnelt, jedoch hat er hat eine Klinge mit feinen Zacken. Dadurch entstehen beim Schälen schmale Streifen. Er eignet sich besonders gut bei weichen Gemüsesorten, zum Beispiel der Gurke.

Dann gibt es einen **sanduhrförmigen Spiralschneider** (der bekannteste ist von der Marke GEFU). Dieser hat eine Seite für schmalere und eine Seite für mittelbreite Gemüsenudeln. Durch diesen dreht man das Gemüse mit der Hand und wenn das Stück kurz genug ist, setzt man einen Deckel darauf und spiralisiert das Gemüse mit ihm weiter, um sich nicht zu verletzen. Dieser Schäler eignet sich besonders gut für schmale bis mitteldicke Gemüsesorten, wie Gurken, Zucchini oder Karotten.

Außerdem gibt es das Allroundtalent, den **Super-Spiralschneider** (am bekanntesten ist er von der Marke LURCH). Bei diesem klemmt man das Gemüse ein und kurbelt es dann durch ein Messer. Durch unterschiedliche Messeraufsätze entstehen ganz unterschiedlich breite Nudeln. Diesen Spiralschneider kann man für alles verwenden und er lässt sich leicht reinigen. Wenn du häufiger Gemüsenudeln zubereitest, dann empfehle ich dir dieses Gerät. Es bietet alles an, was das Gemüsenudelherz höherschlagen lässt.

Reinigung der Geräte:

Die Spiralschneider lassen sich am besten reinigen, wenn man sie direkt nach der Nutzung abwäscht und dann in die Spülmaschine stellt. So trocknet das Gemüse gar nicht erst an. Falls es doch einmal etwas länger mit Gemüseresten herumsteht, stellst du das Gerät am besten für wenige Minuten in Wasser, bevor du es reinigst.

Gemüse perfekt geschnitten

Man kann fast jedes Gemüse in Spiralform schneiden. Je nach Festigkeit der Sorte ist dafür nur ein Spiralschneider mit scharfen Messern und manchmal etwas Geduld gefragt. Es gibt auch Gemüsesorten, die sich sogar leichter mit einem Messer in feine Streifen schneiden lassen, zum Beispiel sehr kleine oder nicht mehr ganz so feste Gemüsestücke.

Die wohl bekanntesten Gemüsenudeln sind aus Zucchini, Gurke, Karotte, Rettich, Butternuss-Kürbis, Kohlrabi, Roter Bete oder Radieschen. Aber auch aus Paprika, Fenchel, Champignons, Kohl, Brokkolistielen, Spargel oder Zwiebeln lassen sich Spiralnudeln schneiden.

Ein paar kleine Tipps vorweg. Bei Spiralschneidern entstehen meist sehr kurze oder extrem lange Nudeln. Damit man beim Essen nicht nur eine lange Nudel, sondern viele kürzere Nudeln hat, habe ich es mir angewöhnt, die Nudeln einmal zu halbieren, bevor ich sie weiterverwende. So fällt das Kochen und auch das spätere Essen leichter.

Das letzte Ende eines Gemüsestücks bleibt beim Spiralisieren meist übrig. Das kannst du entweder naschen oder mit einem Messer in feine Streifen schneiden. So geht kein Teil des Gemüses verloren.

Spezialzutaten zum Kochen

In der Low-Carb-Küche gibt es einige wenige Spezialzutaten zum Andicken von Saucen oder zum Süßen von Gerichten. Einige dieser Zutaten bekommt man im Reformhaus, jedoch kann ich aus Erfahrung sagen, dass man das beste Preis-Leistungs-Verhältnis im Internet findet.

Saucen andicken

Guarkernmehl wird aus den Samen der Guarbohne gewonnen. Beim Anrühren ist es wichtig, dass man es unter ständigem Rühren nach und nach hinzugibt, da es schnell klumpt. Mit einem Schneebesen funktioniert das Unterrühren sehr gut. Besonders bei warmen Speisen macht sich der Verdickungseffekt sehr schnell bemerkbar. Bei kalten Saucen neigt man dazu, zu viel zu verwenden, da es einige Zeit dauert, bis sich die Sauce andickt.

Johannisbrotkernmehl ist ein Mehl, das aus der Frucht des Johannisbrotbaums entsteht. Es ähnelt in seinen Eigenschaften dem Guarkernmehl, jedoch ist der Verdickungseffekt nicht ganz so stark. Auch hier muss man darauf achten, dass Produkt langsam hinzuzugeben und gut unterzurühren.

Flohsamenschalenpulver ist ein Pulver aus sehr fein gemahlenen Flohsamenschalen mit einem Ballaststoffanteil von etwa 85%. Das Pulver quillt sehr schnell sehr stark auf und entwickelt dadurch eine schleimartige Konsistenz. Daher ist es wichtig, von diesem Produkt immer nur sehr wenig zu verwenden, da sonst eine dickflüssige Masse entsteht.

Mit Flohsamenschalenpulver angedickte Saucen unterscheiden sich in der Konsistenz deutlich von Guarkern- oder Johannisbrotkernmehl. Wann sich welche Zutat anbietet, das erfährst du im Laufe des Buches. Wenn du zu Beginn nur eine der Zutaten verwenden möchtest, dann empfehle ich dir Guarkernmehl. Falls bei einem der Rezepte nur eine der anderen Zutaten angegeben ist, dann verwendest du bei Johannisbrotkernmehl etwa die gleiche Menge, bei Flohsamenschalenpulver etwa die doppelte Menge. Generell gilt: Das Produkt nach und nach hinzugeben, währenddessen gut unterrühren und aufhören, sobald die Sauce dickflüssig wird.

Zuckerersatzmittel

In den Rezepten werden zwei Zuckerersatzmittel zum Süßen von Gerichten verwendet: Stevia und Erythrit.

Stevia ist ein feines weißes Pulver, das aus der Steviapflanze gewonnen wird. Es ist etwa 400-mal so süß wie der übliche weiße Zucker. Wichtig ist es, darauf zu achten, dass man Stevia ohne Zusätze kauft. In Supermärkten wird oft gestrecktes Steviapulver angeboten. Es wird u.a. mit Maltodextrin vermischt, das aus Stärke gewonnen wird. Durch diese Zusätze entsteht dann der Irrglaube, dass Stevia bei zu hoher Dosierung bitter und nach Lakritz schmecke. Reines Stevia schmeckt auch bei hoher Dosierung nur süß, ganz ohne Nebengeschmack. Eine Packung (reines!) Stevia erscheint zu Beginn sehr teuer, sie reicht aber auch sehr lange.

Erythrit ist ein Zuckeralkohol, der in der Natur beispielsweise in Käse und manchen Obstsorten, (z.B. Wassermelone und Trauben) vorkommt. Das Produkt, das wir kaufen, wird jedoch künstlich hergestellt. Erythrit wird aus Zucker gewonnen, der mit Hilfe bestimmter Hefearten fermentiert wird. Erythrit schaut dabei aus wie Zucker, ist aber etwas weniger süß als industrieller Zucker (0,7). Ich persönlich verwende meist die Produkte der Marke Xucker.

Je nach Rezept eignet sich das eine oder das andere Zuckerersatzmittel besser. Wenn du aber nur eines der Produkte kaufen möchtest, ist das kein Problem. Das Austauschverhältnis schaut so aus:

1 EL Erythrit = 1 Msp. Stevia

Superfoods

Das sind Lebensmittel, die sehr nährstoffreich sind. Wir essen sie tagtäglich, doch ganz besonders neu- bzw. wiederentdeckte Lebensmittel werden häufig als Superfoods beschrieben. In diesem Buch verwenden wir vor allem zwei Superfoods.

Das sind zum einen Chiasamen. Schon für die Mayas und Azteken waren Chiasamen ein Grundnahrungsmittel. Sie sind eine tolle Quelle für Ballaststoffe und Omega-3-Fettsäuren. Man verwendet sie meist in einem Teig oder man lässt sie in einer Flüssigkeit aufquellen und bereitet eine Art Pudding zu. Du bekommst Chiasamen im Supermarkt oder in der Drogerie.

Zum anderen sind das Avocados. Avocados sind sehr fetthaltige Früchte, die reichlich Kalium, Vitamin E, B-Vitamine, Folsäure und Ballaststoffe enthalten. Man kann sie entweder mit anderen Zutaten zu einer feinen Creme vermischen oder man streicht sie wie Butter auf ein (Low

Carb) Brot. Mit einer Prise Salz und Pfeffer schmeckt das unheimlich lecker.

Tipps für die perfekte Zubereitung

Eigentlich ist es nicht schwer, Zudeln (Zucchini + Nudeln) mit einem Spiralschneider herzustellen. Nach ein bisschen Übung braucht man dafür meist auch nicht mehr Zeit, als zum Kleinschneiden mit dem Messer. Nach jahrelanger Erfahrung, kann ich euch jedoch einige Tipps ans Herz legen.

Wenn ein Gericht nicht zu flüssig sein soll, dann kann man das Gemüse vorab ein wenig abtropfen lassen. Dafür gibt man 1–3 EL Salz (je nach Gemüsemenge) über das bereits geschnittene Gemüse. Keine Sorge wegen des vielen Salz. Das bleibt anschließend in dem verlorenen Wasser. Dann kommt es in ein Sieb, das in einer Schüssel hängt. Man legt ein Küchentuch über das Gemüse und drückt es gelegentlich ein bisschen an, um den Prozess zu beschleunigen. Nach etwa 30 Minuten ist das Gemüse abgetropft und verliert beim Kochen nicht mehr so viel Wasser. Besonders gut funktioniert das bei Zucchini. Dieser Schritt ist aber nicht bei jedem Gemüse notwendig. Manchmal braucht man das Wasser auch, um eine leckere Sauce zu kreieren.

Wenn Gemüsenudeln in der Pfanne angebraten werden, dann achte darauf, dass das Fett zuerst in der Pfanne geschmolzen ist. Einige Male hin- und herschwenken, so dass das Fett in die Poren der Pfanne einziehen kann. Wenn du das beherzigst, wird das Gemüse nicht mehr so schnell anbrennen.

Wenn beim Backen Teig verwendet wird (z.B. Zucchininudel-Muffins), dann ist der Teig meist sehr klebrig. Um ihn trotzdem in eine schöne Form zu drücken, hilft es, wenn die Hände einmal kurz in Wasser getaucht werden. So klebt der Teig nicht mehr so stark an den Händen fest.

Aus meiner Erfahrung kann ich dir sagen, dass Gemüsenudeln immer dann besonders gut ankommen, wenn sie schön aussehen. Geschmacklich gibt es selten Beschwerden, aber sie müssen von Anfang an wie eine echte Pasta serviert werden. Wenn du also jemanden von unseren leckeren Zudel-Rezepten überzeugen möchtest, garniere das Gericht vor dem Servieren noch mit frisch gehackten Kräutern, einigen Tomatenhälften oder ein wenig frisch gemahlenem Pfeffer.

Gemüsenudeln – die Rezepte

Lecker, raffiniert und easy zuzubereiten – hier kommen meine liebsten Low-Carb-Pastagerichte!

VORSPEISEN UND KLEINIGKEITEN

Eine tolle Kombination

Pastinaken mit Artischocken und Huhn

Für 2 Portionen

20 Min.

2 Pastinaken (ca. 300 g) • 1 Zwiebel • 200 g Hühnerbrustfilet • 2 TL Butterschmalz • ½ Bund Petersilie • Salz • Pfeffer • Saft von ½ Zitrone • 4 eingelegte Artischockenherzen

- Pastinaken schälen und in schmale Spaghetti schneiden. Zwiebel abziehen und fein hacken. Hühnerbrustfilet waschen, trocken tupfen, würfeln.

- Butterschmalz in einer Pfanne erhitzen. Zwiebeln und Huhn darin etwa 2 Min. anbraten. Pastinakennudeln dazugeben und etwa 4 Min. weiterbraten. Die Pfanne vom Herd nehmen.

- Petersilie waschen und hacken. Petersilie, Salz, Pfeffer und Zitronensaft verrühren. Mit den Artischockenherzen in die Pfanne geben und servieren.

Nährwerte pro Portion:

310 kcal • 28 g E • 12 g F • 21 g KH

« Pastinaken mit Artischocken und Huhn

Zitronensaft gibt dem Quark den Pfiff

Gurkensalat mit Kräuterquark

Für 2 Portionen

10 Min.

½ Bund Schnittlauch • 100 g Quark, 40% Fett i.Tr. • 50 g Crème fraîche • ½ TL Chiliflocken, gemahlen • Salz • Pfeffer • Saft von ½ Zitrone • 1 Gurke

- Schnittlauch waschen, trocken schütteln und in feine Röllchen schneiden. Quark, Crème fraîche, Schnittlauch, Chili, Salz, Pfeffer und Zitronensaft in einer Schüssel verrühren. Abschmecken.

- Gurke schälen, in dicke Spaghetti schneiden und in eine Schüssel geben. Den Quark dazugeben und nach Belieben mit Schnittlauch garnieren.

Tipp Anstelle von Zitronensaft kannst du den Quark auch mit dem Saft einer Orange abschmecken.

Nährwerte pro Portion:

170 kcal • 7 g E • 14 g Fett • 7 g KH

Besonders aromatisch durch viele Kräuter

Der Wochenend-Salat

Für 2 Portionen

15 Min.

½ Gurke • 2 Karotten • 1 Handvoll Minze • 5 Korianderblätter • Saft von 1 Limette • Salz • Pfeffer • 1 EL Olivenöl • 1 Knoblauchzehe • 8 Cocktailtomaten

- Gurke und Karotten schälen. Gurke in breite, Karotten in schmale Streifen schneiden.

- Minze und Koriander waschen, trocken schütteln und in feine Streifen schneiden. Kräuter mit Limettensaft, Salz, Pfeffer und Olivenöl vermengen. Knoblauch schälen und durch eine Presse dazudrücken. Abschmecken.

- Gurke und Karotten in eine Salatschüssel geben und mit dem Dressing vermengen. Tomaten waschen, halbieren und den Salat damit garnieren.

Nährwerte pro Portion:

90 kcal • 2 g E • 5 g F • 9 g KH

Echt asiatisch

Karotten-Sesam-Salat

Für 2 Portionen
15 Min.

2 Karotten (ca. 150 g) • 1 kleiner Kohlrabi (ca. 300 g) • ½ cm Ingwer, daumendick • 4 Zweige Koriander • 1 EL Sesam • 1 EL Weißweinessig • 1 Msp. Stevia • Salz • 1 EL Olivenöl

- Karotten und Kohlrabi schälen, in schmale Spaghetti schneiden und in eine Schüssel geben.

- Ingwer schälen und mit einem Messer möglichst fein hacken. Koriander waschen, trocken schütteln und grob hacken.

- Ingwer, Sesam, Essig, Stevia, Salz, Koriander und Olivenöl in einer Schüssel verrühren. Das Dressing über Karotten und Kohlrabi geben und einmal durchmischen. Abschmecken.

Nährwerte pro Portion:
115 kcal • 4 g E • 5 g F • 15 g KH

Für heiße Sommertage

Paprikasalat mit würzigem Feta

Für 2 Portionen
10 Min.

1 rote Paprikaschote • 1 gelbe Paprikaschote • 6 Cocktailtomaten • 1 Lauchzwiebel • 6 Salbeiblätter • 2 EL Olivenöl • Salz • Pfeffer • 50 g Feta (Schafskäse)

- Paprika putzen, in dünne Streifen schneiden und in eine Schüssel geben.

- Tomaten waschen und halbieren. Frühlingszwiebel putzen, waschen und in feine Ringe schneiden. Tomaten und Lauchzwiebel zur Paprika geben.

- Salbei waschen und grob hacken. Olivenöl, Salbei, Salz und Pfeffer verrühren, über das Gemüse geben und gut vermengen. Den Feta mit den Händen über den Salat bröseln. Den Salat 15 Min. durchziehen lassen und servieren.

Tipp Dieser Salat lässt sich hervorragend mit Pinienkernen kombinieren.

Nährwerte pro Portion:
135 kcal • 2 g E • 11 g F • 7 g KH

Hühner-Gemüsenudelsuppe

Ein gesunder Klassiker

Hühner-Gemüsenudelsuppe

Für 2 Portionen

20 Min. + 90 Min. Kochzeit

3 Hühnerschenkel • 1 Zwiebel • 1 Lorbeerblatt • Salz • 1 TL Pfefferkörner • 2 Wacholderbeeren • 1 TL Gemüsebrühepulver • 1 Karotte (ca. 70 g) • ½ Kohlrabi (ca. 150 g)

- Hühnerschenkel waschen und trocken tupfen. Zwiebel abziehen und in Ringe schneiden. Hühnerschenkel, Zwiebelringe, Lorbeerblatt, Salz, Pfefferkörner und Wacholderbeeren in ½ l Wasser geben. Brühe zufügen und auf mittlerer Stufe 1 Stunde köcheln lassen.

- Hühnerschenkel herausnehmen. Die Haut entfernen, das Fleisch von den Knochen ablösen und klein schneiden. Brühe durch ein Sieb geben. Das Fleisch wieder in die Flüssigkeit geben.

- Karotte und Kohlrabi putzen, in breite Stifte schneiden, in die Brühe geben und 30 Min. köcheln lassen.

Nährwerte pro Portion:

230 kcal • 29 g E • 9 g Fett • 8 g KH

Ideal zum Vorbereiten

Leckerer Rucola-Käse-Salat

Für 2 Portionen

25 Min.

½ Kohlrabi (ca. 200 g) • 1 Karotte (ca. 70 g) • ½ getrocknete rote Chilischote • 1 EL Olivenöl • Salz • Pfeffer • 1 Knoblauchzehe • ½ Bund Rucola (ca. 60 g) • 50 g Parmesan

- Kohlrabi schälen, vierteln und in mittelbreite Nudeln schneiden. Karotte schälen und mit einem Julienne-Schäler in schmale Streifen schneiden

- Chilischote fein hacken. Olivenöl, Salz, Pfeffer und Chili verrühren. Knoblauchzehe abziehen, dazudrücken und kurz durchziehen lassen.

- Rucola putzen, trocken schleudern und in eine Schüssel geben. Mit der Hand durchkneten. Kohlrabi, Karotte und Ölmischung dazugeben. Abschmecken.

- Parmesan grob reiben und zum Salat geben.

Nährwerte pro Portion:

205 kcal • 13 g E • 13 g F • 9 g KH

Rucola-Salat mit geräuchertem Lachs

Der Hit für laue Sommerabende

Rucola-Salat mit geräuchertem Lachs

Für 2 Portionen
15 Min.

1 Gurke • ½ Bund Rucola • 150 g geräucherten Lachs in Scheiben • 2 ½ TL Senfkörner • 200 g Naturjoghurt, 10% Fett.i.Tr. • Salz • 1 EL getrockneter Dill

- Gurke schälen, in Spaghetti schneiden und auf Teller geben. Rucola putzen, waschen, trocken schleudern und mit den Gurken vermischen.

- Lachsscheiben mit einer Gabel aufrollen und dekorativ auf die Teller legen. Senfkörner mit einem Mörser zerstoßen. Joghurt, Senfkörner, Salz und Dill in einer Schüssel verrühren und über die Nudeln geben.

Tipp Statt Senfkörnern kann auch 1 TL scharfer Senf verwendet werden.

Nährwerte pro Portion:
220 kcal • 24 g E • 16 g F • 8 g KH

Eine herrliche aromatische Mischung

Grüner Zucchini-Basilikum-Salat

Für 2 Portionen
25 Min.

1 Zucchino (ca. 400 g) • ½ Bund Basilikum • 50 g Parmesan • 1 Knoblauchzehe • 1 EL Pinienkerne • Salz • Pfeffer • 3 EL Olivenöl • 6 Cocktailtomaten

- Zucchino putzen, waschen und in möglichst feine Spaghetti schneiden.

- Basilikum waschen, grob hacken und in eine Schüssel geben. Parmesan reiben und zugeben. Knoblauch schälen und dazupressen. Pinienkerne in einer Pfanne ohne Fett anrösten und mit Salz, Pfeffer und 2 EL Olivenöl in die Schüssel geben.

- Restliches Olivenöl erhitzen und Zucchino darin scharf anbraten. Kräutermischung dazugeben und auf mittlerer Stufe erhitzen, bis der Parmesan geschmolzen ist.

- Cocktailtomaten waschen, vierteln und den Salat damit garnieren.

Nährwerte pro Portion:
310 kcal • 13 g E • 25 g F • 11 g KH

Rindfleisch-Kräuter-Salat

Ein Feiertagsgericht zum Schlemmen

Rindfleisch-Kräuter-Salat

Für 2 Portionen

25 Min.

1 Rinderfiletsteak (ca. 120 g) • Salz • Pfeffer • 1 ½ TL Butterschmalz • 4 Champignons (ca. 200 g) • ½ Bund Rucola (ca. 60 g) • ½ Topf Basilikum • ½ Topf Petersilie • 1 EL Olivenöl • Saft von ½ Zitrone • ½ Knoblauchzehe

- Rinderfilet mit Salz und Pfeffer würzen. In ½ TL heißem Butterschmalz von beiden Seiten anbraten. In Alufolie wickeln. Bei 80 °C Ober- und Unterhitze (60 °C Umluft) 10 Min. ruhen lassen.

- Champignons putzen, in breite Nudeln schneiden und in 1 TL Fett etwa 3 Min. braten. Rucola waschen. Kräuter waschen, fein hacken und zu dem Rucola geben. Olivenöl, Zitronensaft, zerdrückten Knoblauch, Salz und Pfeffer verrühren, zu den Kräutern geben.

- Rinderfilet in Streifen schneiden. Alles anrichten.

Nährwerte pro Portion:

250 kcal • 18 g E • 18 g F • 4 g KH

Italienisch mal anders

Bruschetta-Nudeln

Für 2 Portionen

10 Min.

2 Tomaten • 2 Schalotten • 2 EL Olivenöl • 1 Knoblauchzehe • ½ Topf Basilikum • Salz • Pfeffer • 1 Gurke

- Tomaten waschen und in kleine Stücke schneiden. Schalotten abziehen und fein würfeln. Knoblauch fein hacken.

- Das Öl in einer Pfanne erhitzen. Schalotten, Knoblauch und Tomaten hinzufügen und unter Rühren dünsten. Basilikum waschen, trocken schütteln, grob hacken und dazugeben. Mit Salz und Pfeffer abschmecken.

- Gurke schälen und in sehr feine Spaghetti schneiden. Auf 2 Teller verteilen. Die Tomaten darübergeben und mit einem Basilikumblatt servieren.

Tipp Die gedünsteten Tomaten schmecken auch sehr gut mit Rettichnudeln.

Nährwerte pro Portion:

145 kcal • 4 g E • 10 g F • 9 g KH

Simpel, saftig und so lecker

Scharfer Gurkennudelsalat

Für 2 Portionen

10 Min.

1 Gurke • 1 Topf Basilikum • 1 Chilischote, getrocknet • 150 g Frischkäse • Salz • Pfeffer

- Gurke schälen und in schmale Nudeln schneiden. Basilikum waschen, trocken schütteln und grob hacken. Chilischote in feine Ringe schneiden.

- Frischkäse, Basilikum, Chili, Salz und Pfeffer in einer Schüssel verrühren. Nudeln dazugeben, vermengen und servieren.

Tipp Wer mag, kann den Salat noch mit einer Knoblauchzehe verfeinern. Dann einfach die abgezogene Knoblauchzehe durch eine Knoblauchpresse zu dem Frischkäse drücken und unterrühren.

Nährwerte pro Portion:
200 kcal • 6 g E • 17 g F • 7 g KH

Hot & Spicy

Champignon-Salat mit Peperoni

Für 2 Portionen

10 Min.

400 g Champignons • 1 TL Butterschmalz • 2 Frühlingszwiebeln • 2 Peperoni • 50 g Frischkäse • 2 EL Olivenöl • 2 EL Wasser • Salz • Pfeffer

- Champignons putzen und in mittelbreite Spaghetti schneiden. Frühlingszwiebeln in feine Ringe schneiden. Butterschmalz in einer Pfanne erhitzen. Frühlingszwiebeln und Champignons dazugeben und etwa 5 Min. anbraten.

- Peperoni hacken und mit Frischkäse, Olivenöl, Wasser, Salz und Pfeffer in einer Schüssel vermengen. Sobald das Gemüse gar ist, das Dressing untermischen und servieren.

Tipp Wer die deftige Variante liebt, mischt 50 g gebratenen Speck in Streifen unter den Salat.

Nährwerte pro Portion:
225 kcal • 5 g E • 21 g F • 5 g KH

Schnell, einfach und raffiniert

Gurkennudeln mit Huhn und Koriander

Für 2 Portionen

15 Min.

200 g Hühnerbrustfilet • 1 TL Butterschmalz • 1 Gurke • 200 g in Öl eingelegte Paprika • 10 Korianderblätter • 1 EL Olivenöl • Salz • Pfeffer

- Hühnerbrustfilet waschen, trocken tupfen und in schmale Streifen schneiden. Butterschmalz in einer Pfanne erhitzen und das Fleisch darin etwa 3 Min. anbraten.

- Gurke schälen und in mittelbreite Spaghetti schneiden, Paprika abtropfen lassen und in grobe Streifen schneiden.

- Korianderblätter waschen, trocken schütteln und grob hacken. Gurke, Paprika, Olivenöl und Koriander vermengen. Mit Salz und Pfeffer würzen. Das Huhn zu den übrigen Zutaten geben, einmal durchmischen und servieren.

Nährwerte pro Portion:
265 kcal • 26 g E • 14 g F • 7 g KH

Blitzschnell fertig

Paprikasalat mit Frischkäse

Für 2 Portionen

10 Min.

2 rote Paprikaschoten • ½ Rettich (ca. 200 g) • 200 g körniger Frischkäse • ½ Knoblauchzehe • Salz • Pfeffer

- Paprikaschoten putzen, waschen und in dünne Streifen schneiden. Rettich schälen und in schmale Spaghetti schneiden. Gemüse in eine Schüssel geben.

- Körnigen Frischkäse in eine Schüssel geben. Knoblauch abziehen und dazupressen. Mit Salz und Pfeffer würzen. Frischkäse mit dem Salat vermengen und servieren.

Nährwerte pro Portion:
190 kcal • 15 g E • 6 g F • 20 g KH

Heringssalat mit Karotten und Rettich

Ein Muss für Fischliebhaber

Heringssalat mit Karotten und Rettich

Für 2 Portionen

20 Min.

4 Karotten (ca. 300 g) • 1 kleinen Rettich (ca. 400 g) • 3 EL Aceto balsamico • Salz • Pfeffer • 1 Handvoll Petersilie • 2 Matjesfilets (ca. 200 g)

- Karotten und Rettich schälen und in mittlere Streifen schneiden. Falls die Nudeln zu lang werden, grob klein schneiden. Aceto balsamico, Salz und Pfeffer dazugeben.

- Petersilie waschen, trocken schütteln und die Blätter über den Salat rupfen. Matjesfilets in Streifen schneiden und unter den Salat mischen.

Tipp Dieser Salat schmeckt noch besser, wenn er schon am Vortag zubereitet wird und eine Nacht im Kühlschrank durchzieht.

Nährwerte pro Portion:

370 kcal • 14 g E • 28 g F • 17 g KH

Lecker zu gebratenem Fleisch

Eiersalat mit Rettich-Gurken-Nudeln

Für 2 Portionen

20 Min.

4 Eier • ½ Gurke • ½ Rettich (ca. 200 g) • 3 EL saure Sahne (ca. 90 g) • Salz • Pfeffer • 1 EL Olivenöl • 1 EL Dill, getrocknet

- Eier in etwa 8 Min. hart kochen. Eier kalt abschrecken, pellen und abkühlen lassen.

- Gurke und Rettich schälen, in schmale Spaghetti schneiden und in eine Schüssel geben. Saure Sahne, Salz, Pfeffer, Olivenöl und Dill verrühren.

- Eier grob hacken, mit einer Gabel zerdrücken und zu dem Dressing geben. Abschmecken. Das Dressing unter die Gemüsenudeln mischen.

Nährwerte pro Portion:

255 kcal • 14 g E • 19 g F • 7 g KH

VEGGIE-HAUPTGERICHTE

Trikolore – grün, rot, weiß

Grüner Spargel mit Minze und Tomaten

Für 2 Portionen

30 Min.

1 Bund grüner Spargel (ca. 450 g) • 10 Cocktailtomaten • 150 g Feta • 2 TL Butterschmalz • 2 Knoblauchzehen • 200 g Sahne • Salz • Pfeffer • 1 kleine Handvoll frische Minze

- Spargel waschen, unteres Drittel schälen und Enden abschneiden. Die Stangen der Länge nach vierteln und in feine Streifen schneiden. Cocktailtomaten waschen, vierteln. Feta zerbröseln.

- Butterschmalz erhitzen und den Spargel darin etwa 5 Min. dünsten, bis er weich ist. Knoblauch abziehen und dazupressen. Tomaten und Feta dazugeben.

- Sahne, Salz und Pfeffer dazugeben und auf niedriger Stufe kurz ziehen lassen. Abschmecken. Minze waschen, grob hacken und darübergeben.

Nährwerte pro Portion:
615 kcal • 23 g E • 55 g F • 12 g KH

« Grüner Spargel mit Minze und Tomaten

Veggie Pastaauflauf mit Gorgonzola

Schnell gemacht und doch so lecker

Veggie-Pastaauflauf mit Gorgonzola

Für 2 Portionen

40 Min.

1 Rettich • je 1 rote und gelbe Paprikaschote (ca. 300 g) • 2 EL Olivenöl • Salz • Pfeffer • 200 g Gorgonzola

- Den Backofen auf 200 °C Ober-/ Unterhitze (180°C Umluft) vorheizen. Rettich schälen und in feine Spaghetti schneiden. Paprikaschoten putzen, waschen und in mittelbreite Spaghetti schneiden.

- Gemüse in einer Auflaufform verteilen. Olivenöl darübergeben und mit Salz und Pfeffer würzen. Den Gorgonzola in groben Stücken darüber verteilen. Den Auflauf im heißen Ofen etwa 30 Min. backen.

Tipp Gorgonzola schmeckt auch mit etwas Süßem sehr gut. Dafür einfach ½ TL Erythrit über den Auflauf streuen und überbacken.

Nährwerte pro Portion:
480 kcal • 22 g E • 37 g F • 17 g KH

Wie die Abendsonne in Italien

Cremige Paprikanudeln

Für 2 Portionen

20 Min.

4 Frühlingszwiebeln • 4 rote Paprikaschoten • 1 Kugel Mozzarella (125 g) • 2 EL Olivenöl • 1 kleine Handvoll Petersilie • 2 EL Kapern (ca. 30 g) • 100 g Frischkäse • Salz • Pfeffer • 1 TL Paprikapulver, scharf

- Frühlingszwiebeln putzen, waschen und in Ringe schneiden. Paprikaschoten putzen, waschen und in mittelbreite Spaghetti schneiden. Mozzarella in grobe Würfel schneiden.

- Olivenöl in einer Pfanne erhitzen und Frühlingszwiebeln darin anbraten. Paprika zugeben und bei geringer Hitze etwa 4 Min. anbraten.

- Petersilie waschen und Blätter abzupfen. Kapern, Frischkäse und gewürfelten Mozzarella zu Paprika dazugeben. Mit Salz, Pfeffer und Paprika würzen. Petersilie untermischen und servieren.

Nährwerte pro Portion:
310 kcal • 15 g E • 22 g F • 11 g KH

Raffiniert kombiniert

Knusprige Zucchini-Pasta

Für 2 Portionen

45 Min.

2 Zucchini • Salz • 1 Bund Schnittlauch • 2 Eier • 50 g Sahne • Pfeffer • 50 g Parmesan • 50 g gemahlene Mandeln

- Den Backofen auf 200 °C Ober- und Unterhitze (180 °C Umluft) vorheizen. Die Zucchini putzen, waschen und in Spaghettiform schneiden. Salz untermischen und die Zucchini in einem Sieb 10 Min. abtropfen lassen. Gelegentlich zusammendrücken.

- In der Zwischenzeit den Schnittlauch waschen, trocken schütteln und in kleine Röllchen schneiden. Eier, Sahne, Pfeffer und Schnittlauch mit einer Gabel verquirlen. Den Parmesan reiben.

- Zucchini in eine kleine Auflaufform geben. Ei-Masse darübergeben, mit Mandeln und Parmesan bestreuen. Im heißen Ofen in etwa 30 Min. goldbraun backen.

Nährwerte pro Portion:

440 Kcal • 25 g E • 35 g F • 6 g KH

Schnell und unkompliziert

Grüne Pastasauce an Rettichnudeln

Für 2 Portionen

10 Min.

1 große Avocado (ca. 300 g) • ½ grüne Paprikaschote • ½ Bund Petersilie • 5 Zweige Koriander • 1 Knoblauchzehe • 1 Chilischote, getrocknet • 75 g saure Sahne • Salz • 1 EL Olivenöl • ca. 3 EL Wasser • 1 Rettich (ca. 750 g)

- Avocado halbieren, Kern entfernen und die Hälften schälen. Fruchtfleisch in Stücke schneiden. Paprika putzen und klein schneiden. Kräuter waschen und die Blätter abzupfen. Knoblauchzehe abziehen und hacken. Chilischote hacken.

- Avocado, Paprika, Kräuter und Sahne pürieren. Salz, Olivenöl, Knoblauch und Chili unterrühren. Wasser zugeben, bis die Sauce cremig, aber nicht flüssig, ist.

- Rettich schälen, in mittelbreite Spaghetti schneiden und auf 2 Teller verteilen. Sauce darübergeben.

Nährwerte pro Portion:

395 kcal • 10 g E • 32 g F • 27 g KH

Ein Kunstwerk aus dem Backofen

Spinat-Ricotta-Pfanne

Für 2 Portionen

25 Min.

1 Packung TK-Spinat (450 g) • 1 Zwiebel • 1 Knoblauchzehe • 1 EL Olivenöl • 1 EL Kräuter der Provence • 1 Sellerieknolle (ca. 450 g) • 250 g Ricotta • Salz • Pfeffer • 2 Eier • 30 g Parmesan • 1 TL Chiliflocken

- Den Ofen auf 180 °C Ober-/Unterhitze (160 °C Umluft) vorheizen. Spinat antauen lassen. Zwiebel und Knoblauch fein hacken. Öl in einer ofenfesten Pfanne erhitzen. Zwiebel, Knoblauch und Kräuter der Provence darin anbraten. Spinat zugeben.

- Sellerie schälen und in relativ kurze Nudeln schneiden. Ricotta, Salz und Pfeffer zum Spinat geben. Sellerie unterheben.

- Eier auf die Spinatmasse geben und etwa 2 Min. ruhen lassen. Mit geriebenen Parmesan und Chili bestreuen und etwa 10 Min. überbacken.

Nährwerte pro Portion:

485 kcal • 35 g E • 32 g F • 14 g KH

Grün an Grün – eine Augenweide

Pistaziencreme an Zucchininudeln

Für 2 Portionen

15 Min.

2 Zucchini (ca. 600 g) • 8 Cocktailtomaten • 1 Handvoll Basilikum • 50 g Pistazien (geschält, ungesalzen) • 60 g Parmesan • 2 TL Butter • Salz

- Die Zucchini putzen, waschen und in feine Spaghetti schneiden. Cocktailtomaten waschen und vierteln. Basilikum waschen, trocken schütteln und die Blätter abzupfen. Pistazien und Basilikum getrennt mit einem großen Messer hacken. Parmesankäse fein reiben.

- Pistazien in einer Pfanne ohne Fett rösten. Butter, Basilikum, Salz und Parmesan dazugeben und unterrühren. Cocktailtomaten ebenfalls hineingeben.

- Zucchini zufügen und auf mittlerer Stufe etwa 2 Min. mitbraten, damit sie weicher werden und sich Sauce und Nudel gut verbinden.

Nährwerte pro Portion:

450 kcal • 22 g E • 35 g F • 13 g KH

Bunte Gemüsenudeln mit Gorgonzolacreme

Eine süß-salzige Komposition

Bunte Gemüsenudeln mit Gorgonzolacreme

Für 2 Portionen

20 Min.

1 Sellerieknolle (ca. 450 g) • 1 kleine Birne (ca. 100 g) • 1 Handvoll Walnüsse (ca. 30 g) • 1 Zwiebel • 1 TL Butter • 75 g Gorgonzola • 90 g Frischkäse • frisch geriebene Muskatnuss • Salz • Pfeffer • 50 ml Milch

- Sellerie schälen und in feine Spaghetti schneiden. Birne schälen, halbieren, entkernen und in feine Spaghetti schneiden. Walnüsse grob hacken.

- Zwiebel abziehen und fein würfeln. Butter in einer Pfanne erhitzen. Zwiebel zugeben und andünsten. Gorgonzola zugeben und unter Rühren schmelzen lassen. Walnüsse untermischen.

- Frischkäse, Muskatnuss, Salz, Pfeffer und Milch unterrühren. Vom Herd nehmen und 2–3 Min. abkühlen lassen. Birne und Sellerie daruntermischen, abschmecken und servieren.

Nährwerte pro Portion:

615 kcal • 19 g E • 51 g F • 20 g KH

Ingwer und Curry sorgen für die Würze

Orientalische Karotten-Pasta

Für 2 Portionen

20 Min.

4 große Karotten • 1 ½ cm frischer Ingwer • 50 g Cashewkerne • 1 Knoblauchzehe • 1 EL Kokosöl • 2 TL Currypulver • Salz • 3 EL Kokoscreme • Saft von 1 Limette

- Karotten schälen und in mittelbreite Spaghetti schneiden. Ingwer schälen und in feine Scheiben schneiden. Cashewkerne grob hacken.

- Knoblauch abziehen und fein hacken. Kokosöl in einer Pfanne erhitzen und den Knoblauch darin andünsten. Cashewkerne, Ingwer, Curry, Salz und Kokoscreme zugeben und auf mittlerer Stufe köcheln lassen.

- Karotten zufügen, untermischen und auf niedriger Stufe 2 Min. ziehen lassen. Karotten auf 2 Teller verteilen, den Limettensaft dazugeben und servieren.

Nährwerte pro Portion:

395 kcal • 7 g E • 30 g F • 16 g KH

Asiatisch inspiriert

Thai-Nudelpfanne

Für 2 Portionen
20 Min.

2 Zucchini • Salz • 1 Karotte • 2 Frühlingszwiebeln • 1 Knoblauchzehe • ½ Bund Petersilie • 1 TL Kokosöl • 1 TL Curry • 5 E Kokoscreme • Pfeffer • 1 Handvoll Mandelsplitter

- Zucchini putzen und in feine Spaghetti schneiden. 1 EL Salz untermischen. In einem Sieb abtropfen lassen. Karotte schälen und in feine Spaghetti schneiden.

- Frühlingszwiebeln putzen und fein schneiden. Knoblauch abziehen und hacken. Petersilie waschen und hacken.

- Kokosöl erhitzen, Frühlingszwiebeln und Knoblauch darin anbraten. Petersilie, Curry, Kokoscreme, Salz und Pfeffer dazugeben und 2–3 Min. köcheln lassen.

- Zucchini und Karotten zufügen und ziehen lassen. Mandeln zugeben.

Nährwerte pro Portion:
450 kcal • 11 g E • 37 g F • 14 g KH

Ein Klassiker mit Kick

Kohlrabinudeln in Pfefferrahm-Sauce

Für 2 Portionen
20 Min.

2 große Kohlrabi (ca. 800 g) • 1 Zwiebel • 1 TL Butterschmalz • 1 EL grüne Pfefferkörner • 100 ml Weißwein • 1 Bund Schnittlauch • 100 g saure Sahne • 100 g süße Sahne • Pfeffer

- Kohlrabi schälen und in feine Spaghetti schneiden. Zwiebel schälen und grob würfeln.

- Butterschmalz in einer Pfanne erhitzen. Zwiebel darin anbraten. Pfefferkörner grob zerdrücken und dazugeben. Kohlrabi zufügen, andünsten, mit Wein ablöschen und 5–8 Min. köcheln lassen.

- Schnittlauch waschen, trocken schütteln und in grobe Ringe schneiden. Schnittlauch, Sahne, Salz und Pfeffer zum Gemüse geben, 2 Min. köcheln lassen und servieren.

Nährwerte pro Portion:
375 kcal • 10 g E • 26 g F • 28 g KH

Schön frisch mit Zitrone

Frischkäsecreme an Sellerienudeln

Für 2 Portionen

15 Min.

2 mittlere Sellerieknollen • Petersilienwurzel (ca. 100 g) • 1 kleine Handvoll Petersilie • 2 EL Olivenöl • Saft von 1 Zitrone • 250 g Frischkäse • Salz • Pfeffer • 10 Cherrytomaten

- Sellerie und Petersilienwurzel schälen und in mittelbreite Spaghetti schneiden. Petersilie waschen und grob hacken.
- Olivenöl in einer Pfanne erhitzen und zuerst die Petersilienwurzel darin anbraten. Sellerie dazugeben und auf mittlerer Stufe in 2 Min. bissfest anbraten.
- Den Herd auf niedrige Stufe stellen. Zitronensaft, grob gehackte Petersilie und Frischkäse in einer Schüssel verrühren. Käsemischung unter das Gemüse rühren. Mit Salz und Pfeffer abschmecken. Die Cocktailtomaten waschen, halbieren und mit den Nudeln servieren.

Nährwerte pro Portion:

475 kcal • 12 g E • 36 g F • 26 g KH

Erinnert an einen Sommertag im Süden

Zucchininudeln mit getrockneten Tomaten

Für 2 Portionen

25 Min.

2 Zucchini (ca. 600 g) • Salz • 60 g getrocknete Tomaten • 1 Zwiebel • 3 EL Olivenöl • ½ Knoblauchzehe • 4 EL Ajvar (ca. 40 g) • 1 TL Kräuter der Provence • 2 EL Tomatenmark • Pfeffer • 50 g Parmesan

- Zucchini putzen und in mittelbreite Spaghetti schneiden. Mit 1 EL Salz vermengen, in einem Sieb abtropfen lassen.
- Tomaten in Stücke schneiden. Zwiebel und Knoblauch abziehen, fein hacken und im heißen Öl glasig dünsten. Tomaten, Ajvar, Kräuter der Provence und Tomatenmark dazugeben und 15 Min. köcheln lassen. Mit Salz und Pfeffer würzen.
- Zucchini dazugeben und 2–3 Min. dünsten. Mit geriebenem Parmesan bestreuen.

Tipp Einige Oliven (ohne Stein) grob hacken und darüberstreuen.

Nährwerte pro Portion:

400 kcal • 17 g E • 29 g F • 17 g KH

Kürbisnudeln mit Salbei

Eine herbstliche Pasta für Genießer

Kürbisnudeln mit Salbei

Für 2 Portionen

40 Min.

1 Butternut-Kürbis • 1 Zwiebel • 1 Knoblauchzehe • 30 g getrocknete Tomaten • ½ Topf Salbei • 1 EL Oregano, getrocknet • 200 ml Milch • Salz • Pfeffer • 2 TL Butter

- Den Backofen auf 180 °C Ober-/Unterhitze (160 °C Umluft) vorheizen. Kürbis schälen, halbieren, entkernen und in breite Nudeln schneiden (ergibt etwa 500 g Fruchtfleisch).

- Zwiebel und Knoblauch abziehen und fein würfeln. Getrocknete Tomaten in kleine Würfel schneiden. Salbei waschen, trocken schütteln und hacken.

- Kürbis, Zwiebel und Knoblauch vermengen und in eine Auflaufform geben. Tomaten, Milch, Oregano, Salz, Pfeffer und Salbei mischen. Über den Kürbis geben. Butter in kleineren Stückchen darauf verteilen. Etwa 30 Min. garen.

Nährwerte pro Portion:

305 kcal • 7 g E • 19 g F • 30 g KH

Ein kunterbuntes Pastagericht

Paprika-Pasta mit cremiger Lauchsauce

Für 2 Portionen

15 Min.

2 Lauchstangen (ca. 600 g) • 2 Paprikaschoten (ca. 300 g) • 400 g Champignons • 1 TL Butterschmalz • 200 g Sahne • Salz • Pfeffer

- Lauch putzen und in feine Spaghetti oder Ringe schneiden.

- Paprika putzen und in schmale Streifen schneiden. Champignons putzen und ebenfalls in Nudeln schneiden.

- Butterschmalz in einer Pfanne erhitzen und den Lauch darin 2 Min. anbraten. Paprika und Champignons dazugeben und kurz mitbraten. Sahne, Salz und Pfeffer dazugeben und eine weitere Minute köcheln lassen. Servieren.

Tipp Liebhaber der Kräuterküche mischen unter dieses Gericht noch frisch gehackten Koriander.

Nährwerte pro Portion:

520 kcal • 15 g E • 38 g F • 25 g KH

Avocado-Limetten-Krautsalat

Ein knackiges Traumpaar

Avocado-Limetten-Krautsalat

Für 2 Portionen

20 Min.

1/4 kleiner oder 1/8 großer Weißkohl • 2 EL Olivenöl • 1 EL Weißweinessig • 1 1/2 TL Salz • 1 reife Avocado • Saft von 1/2 Limette • 150 g Vollmilchjoghurt • 1 TL Kümmel • 1 TL scharfer Senf • Salz • Pfeffer

- Weißkohl putzen, mit einem Messer oder einem Hobel in möglichst schmale Streifen schneiden. In eine Schüssel geben. Olivenöl, Essig und Salz zufügen und mit den Händen durchkneten.

- Avocado halbieren, entkernen und das Fruchtfleisch aus der Schale lösen. Mit einer Gabel zerdrücken. Limettensaft, Joghurt und Gewürze untermischen. Avocado-Joghurt-Mischung mit dem Weißkohl vermengen.

Tipp Anstelle von Weißkohl schmeckt die Avocadomischung auch sehr gut mit Gurke oder Rettich.

Nährwerte pro Portion:
285 kcal • 7 g E • 23 g F • 15 g KH

Dressing mit Pfiff

Pistazien-Creme an Gurkennudeln

Für 2 Portionen

10 Min.

1 Handvoll Basilikum • 60 g Pistazien (geschält, ungesalzen) • Saft von 1 Zitrone • 2 EL Olivenöl • Salz • 1/2 Knoblauchzehe • 60 g Parmesan • 1 Gurke

- Basilikum waschen, trocken schütteln und grob hacken. Pistazien hacken. Pistazien, Basilikum, Zitronensaft, Olivenöl und Salz in einer Schüssel vermengen. Knoblauch abziehen und in die Schüssel pressen. Parmesan fein reiben und unterrühren.

- Die Gurke schälen und in feine Spaghetti schneiden. Gurke und Pistaziencreme mischen und servieren.

Tipp Die Nudeln lassen sich prima mit einigen Cocktailtomaten anreichern.

Nährwerte pro Portion:
420 kcal • 18 g E • 34 g F • 8 g KH

Griechischer Nudelsalat

Damit verwöhnt man gute Freunde!

Griechischer Nudelsalat

Für 2 Portionen

20 Min.

1 Gurke • 1 rote Paprikaschote • 6 Cocktailtomaten • ½ rote Zwiebel • 50 g schwarze Oliven, entsteint • 100 g Feta • 2 EL Olivenöl • Saft von 1 Limette • ½ TL Oregano, getrocknet • 1 Prise Stevia oder Erythrit • ½ Knoblauchzehe • Salz • Pfeffer • 50 g Parmesan

- Gurke schälen, in feine Spaghetti schneiden und in eine Schüssel geben. Paprikaschote putzen und in feine Streifen schneiden. Tomaten waschen und halbieren. Zwiebel abziehen und in feine Ringe schneiden. Oliven halbieren.

- Tomaten, Paprika, Zwiebel und Oliven zu den Spaghetti geben. Feta darüberbröseln. Öl, Limettensaft, Oregano, Stevia, Salz und Pfeffer verrühren. Knoblauch abziehen und dazupressen. Marinade über den Salat geben und vermengen. Parmesan grob darüberreiben.

Nährwerte pro Portion:
160 kcal • 3 g E • 14 g F • 6 g KH

Verfeinert mit Knoblauch

Zwiebel-Champignon-Gemüse an Nudeln

Für 2 Portionen

25 Min.

2 Zwiebeln • 1 Knoblauchzehe • 4 mittelgroße Champignons (ca. 200 g) • 2 Zucchini (ca. 600 g) • 3 EL Olivenöl • 1 EL Oregano, getrocknet • Salz • Pfeffer

- Zwiebeln und Knoblauch abziehen und sehr fein würfeln. Champignons putzen und ebenfalls fein würfeln. Zucchini putzen und in Bandnudeln schneiden.

- Olivenöl in einer großen Pfanne erhitzen. Zwiebeln und Knoblauch andünsten. Champignons dazugeben und kurz andünsten. Mit Oregano, Salz und Pfeffer würzen, gelegentlich umrühren.

- Zucchini in die Pfanne geben und 3–4 Min. anbraten, bis sich Sauce und Nudeln gut vermischt haben.

Tipp Die Zucchininudeln können gegen Rettichnudeln getauscht werden.

Nährwerte pro Portion:
205 kcal • 8 g E • 15 g F • 11 g KH

Eine überraschende Kombination

Haselnuss-Champignon-Creme an Gurkennudeln

Für 2 Portionen

15 Min.

- 1 kleine Handvoll Haselnusskerne (ca. 50 g)
- 3 kleine Zwiebeln
- 400 g Champignons
- 1 TL Butterschmalz
- ½ Bund Petersilie
- 300 g griechischer Joghurt
- Salz
- Pfeffer
- 1 getrocknete Chilischote
- 1 TL Flohsamenschalenpulver
- 1 Gurke

- Haselnusskerne in einer Pfanne ohne Fett kurz anrösten, auf ein Küchentuch geben und beiseitelegen.

- Zwiebeln abziehen und fein würfeln. Champignons putzen und in Scheiben schneiden. Butterschmalz erhitzen, Zwiebeln und Champignons zugeben und etwa 4 Min. anbraten. Vom Herd nehmen.

- Die Haselnusskerne in dem Handtuch mit kreisenden Bewegungen reiben, bis die Schale abfällt. Petersilie waschen, trocken schütteln und die Blätter abzupfen.

- Die Haselnusskerne in einem Mixer fein mahlen. Joghurt, Champignons und Speck dazugeben und alles pürieren. Chilischote, Salz, Pfeffer, Petersilie und Flohsamenschalenpulver dazugeben und gut durchmixen.

- Die Gurke schälen und in Spaghettiform schneiden. Mit der Creme anrichten.

Tipp Wer die Creme flüssiger mag, lässt das Flohsamenschalenpulver weg.

Nährwerte pro Portion:

350 kcal • 14 g E • 14 g F • 20 g KH

Ein nussiger Genuss

Zucchininudeln in Erdnusssauce

Für 2 Portionen

20 Min.

2 Zucchini (ca. 600 g) • Salz • 1 Karotte • 3 Frühlingszwiebeln • 1 Knoblauchzehe • 1 Chilischote • 1 EL Kokosöl • 3 TL Erdnussbutter (ca. 60 g) • 1 Msp. Stevia oder 1 EL Erythrit • 1 EL Reisessig • 2 EL Erdnüsse

- Zucchini putzen und in mittelbreite Spaghetti schneiden. Mit 3 TL Salz vermengen und abtropfen lassen.

- Karotte putzen und in schmale Spaghetti schneiden. Frühlingszwiebeln putzen und in Ringe schneiden. Knoblauch abziehen und fein hacken. Chilischote halbieren, ggf. entkernen, waschen und in feine Ringe schneiden.

- Kokosöl erhitzen. Frühlingszwiebeln und Knoblauch anbraten. Chili und Erdnussbutter dazugeben und erhitzen. Karotte, Zucchini, Stevia, Reisessig und Salz dazugeben und 5 Min. köcheln lassen.

Nährwerte pro Portion:

445 kcal • 18 g E • 33 g F • 20 g KH

Mediterran schlemmen

Überbackene Auberginennudeln

Für 2 Portionen

35 Min.

1 Aubergine (ca. 400 g) • Salz • 2 rote Paprikaschoten (ca. 300 g) • ½ Topf Basilikum • 100 g Parmesan, gerieben • 2 Eier • 100 ml Milch • 1 EL Olivenöl • Pfeffer

- Backofen auf 180 °C Ober-/Unterhitze (160 °C Umluft) vorheizen. Aubergine putzen und in mitteldicke Spaghetti schneiden. Mit 1 TL Salz bestreuen. Sobald die Aubergine zu schwitzen anfängt, trocken tupfen.

- Paprikaschoten putzen und in feine Streifen schneiden. Basilikum waschen und Blätter grob zupfen. Eier, Milch, Olivenöl, Salz und Pfeffer verquirlen. Basilikum und 50 g Parmesan hinzufügen.

- Gemüse in eine Auflaufform geben. Dressing darüber verteilen und mit übrigen Parmesan bestreuen. Im Ofen 20–25 Min. backen.

Nährwerte pro Portion:

490 kcal • 29 g E • 29 g F • 25 g KH

HAUPTGERICHTE MIT FISCH & FLEISCH

Asiatisch angehaucht

Lachs mit Bambussauce an Gurkennudeln

Für 2 Portionen

⏲ 20 Min.

250 g Lachsfilet (ohne Haut) • 300 g Garnelen • 1 Gurke • 1 EL Kokosöl • 100 g Bambussprossen (Glas) • 200 ml Kokosmilch • 3 Zweige Koriander • Salz • Pfeffer • Saft von ½ Zitrone

● Lachsfilet waschen, trocken tupfen und würfeln. Garnelen waschen und entdarmen. Gurke schälen und mittelbreite Spaghetti schneiden. Auf 2 Teller verteilen.

● Kokosöl erhitzen. Lachs darin 3 Min. braten. Garnelen zugeben und weitere 2 Min. braten. Abgetropfte Bambussprossen und Kokosmilch zugeben und kurz aufkochen.

● Koriander waschen und grob hacken. Salz, Pfeffer und Zitronensaft dazugeben, 3 Min. auf mittlerer Stufe köcheln lassen. Auf die Gurkennudeln geben.

Nährwerte pro Portion:

205 kcal • 8 g E • 15 g F • 11 g KH

« Lachs mit Bambussauce an Gurkennudeln

Chili gibt die Würze

Auberginennudeln mit Käsesauce

Für 2 Portionen

15 Min.

2 kleine Auberginen (ca. 400 g) • Salz • 125 ml Milch • 1/3 TL Guarkernmehl • 35 g Gouda • 35 g Harzer Käse • 1 frische rote Chilischote • 15 g würzige Salami • frisch geriebene Muskatnuss • Pfeffer

● Auberginen putzen und in Spaghettiform schneiden. Mit Salz bestreuen und etwas Wasser ziehen lassen. Zwischendurch abtupfen.

● Milch erwärmen und das Guarkernmehl einrühren. Käse in grobe Stücke schneiden, in die Milch geben und unter Rühren schmelzen lassen. Chilischote putzen und fein würfeln. Salami ebenfalls würfeln. Zur Milch geben. Mit Muskat, Salz und Pfeffer würzen.

● Auberginen trocken tupfen und kurz auf hoher Stufe ohne Fett anbraten. Käsesauce darübergeben und servieren.

Nährwerte pro Portion:

225 Kcal • 15 g E • 10 g F • 16 g KH

Immer wieder lecker

Pastaauflauf mit Hackbällchen

Für 2 Portionen

45 Min.

500 g Staudensellerie • 2 EL Olivenöl • Salz • 1 TL Kräuter der Provence • 1 große Handvoll Basilikum • 300 g Rinderhackfleisch • Pfeffer • 1 TL scharfer Senf

● Den Backofen auf 200 °C Ober-/Unterhitze (180 °C Umluft) vorheizen. Staudensellerie putzen, waschen und mit einem Messer in feine Streifen schneiden. 1 EL Öl in einer Pfanne erhitzen und den Staudensellerie etwa 5 Min. braten. Herausnehmen und in eine Auflaufform geben. Salz, Kräuter der Provence und 1 EL Olivenöl über das Gemüse geben.

● Basilikum waschen, trocken schütteln und grob hacken. Basilikum, Hackfleisch, Salz, Pfeffer und Senf in eine Schüssel geben und verkneten. Aus der Masse kleine Hackbällchen formen und auf die Zucchini geben. Im heißen Ofen 30 Min. backen.

Nährwerte pro Portion:

430 kcal • 33 g E • 31 g F • 6 g KH

Pastaauflauf mit Hackbällchen

Huhn und Champignons an Gurkennudeln

Das schmeckt allen

Huhn und Champignons an Gurkennudeln

Für 2 Portionen

25 Min.

- 400 g Hühnerbrustfilet
- 1 Zwiebel
- 400 g Champignons
- 2 TL Butterschmalz
- 1 Gurke
- 1 große Tomate (ca. 150 g)
- 100 g Sahne
- Pfeffer
- Salz
- 60 g luftgetrockneter Schinken

● Hühnerbrustfilet waschen, trocken tupfen und in kleine Stücke schneiden. Zwiebel schälen und fein hacken. Champignons putzen und in Scheiben schneiden.

● Butterschmalz in einer Pfanne erhitzen und Zwiebel andünsten. Hühnerbrust und Champignons dazugeben, scharf anbraten und anschließend auf mittlerer Stufe etwa 5 Min. garen.

● Gurke schälen, in mitteldicke Spaghetti schneiden und auf 2 Teller verteilen.

● Die Tomate waschen, würfeln und mit der Sahne, Salz und Pfeffer in die Pfanne geben. Kurz aufkochen lassen, damit das Wasser verdunstet und sich die Sauce verdickt. Alles auf die Teller aufteilen. Den Schinken in grobe Stückchen zupfen und darüber verteilen.

Tipp Die Champignons können auch gegen eine große Aubergine ausgetauscht werden.

Nährwerte pro Portion:
585 kcal • 64 g E • 33 g F • 10 g KH

Kräuter geben den Kick

Zucchininudeln mit Schweinefilet

Für 2 Portionen

25 Min.

500 g Schweinefilet • Salz • Pfeffer • ½ Bund Petersilie • ½ Bund Thymian • 1 Knoblauchzehe • 2 Zucchini (ca. 500 g) • 2 TL Butter • 1 TL scharfer Senf

- Schweinefilet in breite Streifen schneiden und mit Salz und Pfeffer würzen. Petersilie und Thymian waschen, trocken schütteln und fein hacken. Knoblauchzehe abziehen und fein hacken.

- Zucchini putzen, waschen und in breite Spaghetti schneiden.

- Butter in einer Pfanne erhitzen und das Fleisch darin etwa 2 Min. anbraten. Kräuter und Senf untermischen. Zucchini dazugeben und auf mittlerer Stufe 5 Min. unter Rühren braten. Mit Salz und Pfeffer abschmecken.

Nährwerte pro Portion:

410 kcal • 59 g E • 17 g F • 6 g KH

Leicht salzig, aber köstlich

Tomaten-Sardellen-Nudeln

Für 2 Portionen

25 Min.

1 Rettich (ca. 300 g) • 2 Karotten • 10 Cocktailtomaten • 4 getrocknete Tomaten • 10 Sardellen, in Öl eingelegt • 1 Knoblauchzehe • 1 Gemüsezwiebel • 1 EL Olivenöl • 100 ml Gemüsebrühe • 2 getrocknete Chilischoten • 1 EL Oregano, getrocknet • Salz • Pfeffer

- Rettich putzen und in mittelbreite Spaghetti schneiden. Karotten putzen und genauso schneiden. Cocktailtomaten häuten und klein schneiden. Getrocknete Tomaten in kleine Stücke schneiden. Sardellenfilets abtropfen lassen, fein schneiden

- Knoblauch und Zwiebel abziehen, würfeln und in Olivenöl anbraten. Sardellen, gehäutete und getrocknete Tomaten mitbraten. Mit Brühe ablöschen. Karotten, gehackten Chili und Gewürze zufügen. 5 Min. köcheln lassen. Zucchini hinzufügen und 2–3 Min. ruhen lassen.

Nährwerte pro Portion:

160 kcal • 5 g E • 8 g F • 16 g KH

Ein Klassiker mit Fisch

Band-Zudeln mit Sahne-Lachs-Sauce

Für 2 Portionen

40 Min.

- 2 Lachsfilets ohne Haut (ca. 250 g)
- 100 g Sahne
- ½ Bund Dill
- Salz
- Pfeffer
- 1 Butternut-Kürbis (ca. 500 g)
- 1 EL Olivenöl
- Saft von 1 Zitrone

● Backofen auf 200 °C Ober-/Unterhitze (180 °C Umluft) vorheizen. Lachsfilet waschen, trocken tupfen und in mundgerechte Stücke schneiden. Lachs in eine ofenfeste Form geben.

● Dill waschen, trocken schütteln und hacken. Sahne, Dill, Salz und Pfeffer in einer Schüssel verrühren und über den Lachs geben. Lachs im heißen Ofen etwa 35 Min. backen.

● In der Zwischenzeit Kürbis schälen, halbieren, entkernen und in Bandnudeln schneiden (ergibt etwa 500 g Fruchtfleisch). Olivenöl in einer Pfanne erhitzen und den Kürbis 5–10 Min. braten. Mit Pfeffer würzen. Die Nudeln auf einen Teller geben, mit Zitronensaft begießen und die Sahne-Lachs-Sauce darübergeben.

Nährwerte pro Portion:

365 kcal • 28 g E • 26 g F • 6 g KH

Zucchininudeln mit Thunfisch und Kapern

Das macht Lust auf Sonne!

Zucchininudeln mit Thunfisch und Kapern

Für 2 Portionen

15 Min.

- 2 Zucchini (500 g)
- ½ Glas schwarze entsteinte Oliven (ca. 150g)
- 1 Dose Thunfisch im eigenen Saft (140 g)
- ½ Glas Kapern (ca. 30 g)
- 2 EL Olivenöl
- 150 g Sahne
- Pfeffer
- Salz
- 1 TL Guarkernmehl

● Zucchini putzen, waschen und in Bandnudeln schneiden.

● Die Oliven abtropfen lassen, halbieren und in einen Topf geben. Thunfisch und Kapern abtropfen lassen und zufügen. 1 EL Olivenöl, Sahne, Pfeffer und Salz zugeben und auf niedriger Stufe cremig rühren.

● Guarkernmehl unter gleichmäßigem Rühren in die Thunfischsauce geben und noch etwa eine Minute weiterrühren. Abschmecken.

● Restliches Olivenöl in einer Pfanne erhitzen und die Zucchininudeln darin etwa 4 Min. scharf anbraten. Auf 2 Teller verteilen, Sauce darübergeben und servieren.

Tipp Mit einem Schuss Zitronensaft erhält die Thunfischsauce eine herrlich frische Note.

Nährwerte pro Portion:

535 kcal • 24 g E • 43 g F • 11 g KH

Unwiderstehlich gut

Saftige Lasagne

Für 5 Portionen

60 Min.

- 3 Zucchini (ca. 750 g)
- Salz
- 400 g Tomaten
- 2 Zwiebeln
- 1 Knoblauchzehe
- 500 g Rinderhackfleisch
- 2 TL Thymian
- Pfeffer
- Tabasco
- 2 Lorbeerblätter
- 1 EL Tomatenmark
- 1 EL italienische Kräuter
- 3 Eier
- 1 TL Flohsamenschalenpulver
- 70 g Emmentaler

- Backofen auf 180 °C Ober-/Unterhitze (160 °C Umluft) vorheizen. Zucchini putzen, waschen und fein raspeln. 2 TL Salz dazugeben, durchkneten, in einem Sieb abtropfen lassen und gelegentlich leicht ausdrücken.

- Tomaten waschen und grob hacken. Zwiebeln und Knoblauch abziehen, würfeln und zusammen mit dem Rinderhack in einer großen Pfanne ohne Fett anbraten. Tomaten, Thymian, Salz, Pfeffer, Tabasco, Lorbeerblätter und Tomatenmark dazugeben und ohne Deckel auf niedriger Stufe 15–20 Min. köcheln lassen.

- Die abgetropften Zucchini in eine Rührschüssel geben. Italienische Kräuter und 1 Ei dazugeben und mit einer Gabel zu einer gleichmäßigen Masse vermengen. Flohsamenschalenpulver dazugeben und die Zucchinimasse 5 Min. ruhen lassen.

- Ein Blech mit einem Backpapier auslegen. Die Zucchinimasse darauf verstreichen und im heißen Ofen 20 Min. backen. Herausnehmen und in 9 Quadrate schneiden.

- Abwechselnd Hackfleisch-Tomaten-Sauce und Zucchiniteig in eine Auflaufform einschichten. Zum Schluss Emmentaler darüberreiben. Im Ofen weitere 15 Min. backen.

Nährwerte pro Portion:

485 kcal • 25 g E • 39 g F • 8 g KH

Saftige Lasagne

Schinkennudeln mit Ei

Altbewährt und immer lecker

Schinkennudeln mit Ei

Für 2 Portionen

15 Min.

1 Rettich (ca. 750 g) • 10 Salbeiblätter • 6 Scheiben Schwarzwälder Schinken • 4 Eier • Salz • Pfeffer • 2 TL Butterschmalz • 50 g Parmesan

- Rettich schälen und in Spaghetti schneiden. Salbei waschen, trocken schütteln und in grobe Streifen schneiden. Schinken ebenfalls in grobe Streifen schneiden.

- Eier, Schinken, Salbei, Salz und Pfeffer in einer Schüssel vermengen.

- Butter in einer Pfanne erhitzen und Rettich darin anbraten. Herausnehmen, zu den Eiern geben, alles gut durchmischen und wieder in die Pfanne geben. So lange anbraten, bis das Ei gestockt ist. Mit frisch geriebenem Parmesan servieren.

Nährwerte pro Portion:

555 kcal • 41 g E • 39 g F • 11 g KH

Beeindruckende Kombination

Garnelen und Spinat an Lauchnudeln

Für 2 Portionen

20 Min.

450 g Rahmspinat, TK • 250 g Garnelen ohne Schale • 4 Stangen Lauch (ca. 500 g) • 2 EL Olivenöl • 1 Knoblauchzehe • 1 EL Meerrettich • Salz • Pfeffer • 50 g Parmesan

- Rahmspinat nach Packungsanweisung auftauen lassen. Garnelen am Rücken entlang einschneiden, den Darm entfernen. Garnelen waschen und trocken tupfen.

- Lauch putzen, waschen und in feine Spaghetti schneiden. Öl in einer Pfanne erhitzen und den Lauch darin auf mittlerer Stufe etwa 2 Min. anbraten. Knoblauch abziehen und dazupressen. Garnelen und Spinat dazugeben und etwa 3 Min. garen. Meerrettich untermischen und mit Salz und Pfeffer würzen.

- Auf 2 Teller verteilen und mit frisch geriebenem Parmesan bestreuen.

Nährwerte pro Portion:

450 kcal • 41 g E • 25 g F • 13 g KH

Leicht scharf und cremig

Huhn-Kokos-Curry

Für 2 Portionen

30 Min.

- 400 g Hühnerbrustfilet
- 1 kleiner Zucchino (ca. 200 g)
- 1 Pastinake (ca. 60 g)
- 1 rote Paprikaschote
- 2 Schalotten
- 1 EL Kokosöl
- 1 getrocknete Chilischote
- 1–2 TL Currypulver
- Salz
- Pfeffer
- 400 ml Kokosmilch

● Hühnerbrustfilet waschen, trocken tupfen und in Würfel schneiden. Zucchini putzen, waschen und in schmale Spaghetti schneiden. Pastinake putzen und ebenfalls in Spaghetti schneiden. Paprika putzen, waschen und in feine Streifen schneiden.

● Schalotten abziehen und in feine Würfel schneiden. Kokosöl in einer Pfanne erhitzen und Schalotten darin anbraten. Hähnchenfleisch zugeben und scharf anbraten. Paprika zufügen und kurz mitbraten.

● Chili in feine Ringe schneiden. Chili, Salz, Pfeffer, Curry und Kokosmilch in die Pfanne geben und etwa 5 Min. garen. Abschmecken.

● Zucchini und Pastinaken auf 2 Schüsseln verteilen, salzen und die Hähnchen-Curry-Sauce darübergeben. Nach kurzer Zeit werden die Zucchini weich und sind dennoch frisch.

Nährwerte pro Portion:

550 kcal • 53 g E • 30 g F • 16 g KH

Huhn-Kokos-Curry

SÜSSE NUDELN

Schaut wunderschön aus

Chiapudding mit Mangonudeln

Für 2 Portionen

10 Min. + 60 Min. Ruhezeit

4 EL Chiasamen (ca. 60 g) • 350 ml Milch • 400 ml Wasser • 1 Msp. Stevia • 1 Mango (ca. 300 g) • 2 EL Kokosflocken

- Chiasamen auf 2 Gläser verteilen. Milch, Wasser und Stevia verrühren und auf die Gläser verteilen. Alles gut verrühren, abdecken und im Kühlschrank etwa 1 Stunde quellen lassen.

- Mango schälen, das Fruchtfleisch an beiden flachen Seiten vom Stein abschneiden und in schmale, längliche Streifen schneiden. Mango auf den Pudding geben, mit Kokosflocken bestreuen und servieren.

Nährwerte pro Portion:

400 kcal • 13 g E • 22 g F • 34 g KH

« Chiapudding mit Mangonudeln

Ein gesunder Schokoladenkuchen

Zucchini-Nudel-Kuchen

Für 6 Stücke
45 Min.

Für den Teig:
- 1 Zucchino (ca. 200 g)
- 3 Eier
- 2 TL Kokosöl
- 100 g gemahlene Mandeln
- 3 TL Backkakao
- 4 Msp. Stevia oder 4 EL Erythrit
- 1 Prise Salz
- 1 TL Kardamom
- 1 TL Zimt

Für die Schokoladencreme:
- 100 g Frischkäse
- 1 EL Wasser
- 1 Prise Salz
- 2 TL Kakao

● Backofen auf 180 °C Ober-/Unterhitze (160 °C Umluft) vorheizen. Zucchino putzen, waschen und in feine (kurze) Spaghetti schneiden. Eier, Kokosöl, Mandeln und Kakao dazugeben und mit einer Gabel vermengen. Stevia, Salz, Kardamom und Zimt unterrühren.

● Ein Backblech (ca. 21 × 3,5 × 31 cm) mit Backpapier auslegen, Teig darauf verteilen und 30 Min. backen. Auskühlen lassen.

● Frischkäse, Wasser, Salz und Kakao cremig verrühren. Sollte die Masse nicht cremig genug sein, noch etwas Wasser unterrühren. Die Creme auf dem Kuchen glatt streichen. In 6 Stücke schneiden und servieren.

Nährwerte pro Stück:
240 kcal • 10 g E • 20 g F • 3 g KH

Herrlich frisch mit Zitrone

Pfefferminz-Karotten-Nudeln

Für 2 Portionen

15 Min.

2 Karotten (ca. 150 g) • 1 TL Butter • ½ TL Pfefferminzöl • 2 Msp. Stevia • 200 g Quark, 40% Fett i.Tr. • Saft von 1 Zitrone • 1 TL Zimt

- Karotten putzen und in schmale Spaghetti schneiden. Butter in einer Pfanne erhitzen und Karotten darin kurz anbraten. Beiseitestellen. Pfefferminzöl und Stevia unter die Karotten mischen.

- Quark, Zitronensaft und Zimt verrühren. Karotten auf der Zitronencreme servieren.

Nährwerte pro Portion:
215 kcal • 11 g E • 16 g F • 9 g KH

Schwäbisch mal anders

Süße Zwiebelspätzle in Mandeln

Für 2 Portionen

20 Min.

3 Gemüsezwiebeln • 1 EL Butterschmalz • 1 Ei • 70 g gemahlene Mandeln • 2 EL Erythrit

- Zwiebeln abziehen, halbieren und in feine Scheiben schneiden. Butterschmalz in einer Pfanne erhitzen. Zwiebeln in der Pfanne glasig dünsten.

- Ei, Mandeln und Erythrit in einer mittleren Schüssel mit einer Gabel vermischen.

- Zwiebeln dazugeben, alles vermengen und erneut in die Pfanne geben. Auf mittlerer Stufe unter regelmäßigem Rühren anbraten, bis die Ei-Masse gestockt ist und die Zwiebeln leicht knusprig werden.

Tipp Wer mag, bestreut das Dessert noch mit Erythrit in Puderform (z.B. Puderzucker).

Nährwerte pro Portion:
340 kcal • 11 g E • 27 g F • 11 g KH

Himbeercreme an Gurkennudeln

Leicht, frisch und fruchtig

Himbeercreme an Gurkennudeln

Für 2 Portionen

10 Min.

200 g Himbeeren • 125 g Quark, 40% Fett i.Tr. • 100 g Frischkäse • ½ Vanilleschote • Saft von ½ Zitrone • 1 Gurke • ½ Granatapfel • 25 g Bitterschokolade, 85%

- Himbeeren waschen mit Quark, Frischkäse, Vanillemark und Zitronensaft in eine Schüssel geben. Mit einer Gabel vermengen, bis eine Creme entsteht.

- Gurke schälen und in möglichst feine Spaghetti schneiden. Die Gurke mit dem Himbeerquark vermischen und auf 2 Schüsseln verteilen.

- Die Granatapfelkerne aus der Schale lösen und über den Quark streuen. Die Bitterschokolade mit einem Messer fein hacken und über den Quark geben.

Tipp Wer es süßer mag, gibt 1 EL Erythrit oder 1 Msp. Stevia zum Quark.

Nährwerte pro Portion:
380 kcal • 13 g E • 26 g F • 20 g KH

Am besten 2 x kochen

Chili-Schokoladen-Rettichnudeln

Für 2 Portionen

15 Min.

50 g Bitterschokolade, 85% Kakaoanteil • 1 getrocknete Chilischote • 1 EL Erythrit oder 1 Msp. Stevia • 70 g Sahne • ½ Rettich (ca. 200 g)

- Bitterschokolade in einem kleinen Topf auf dem Herd langsam schmelzen. Topf vom Herd nehmen und die Schokolade kurz abkühlen lassen.

- Chilischote in feine Streifen schneiden. Chili, Erythrit und Sahne verrühren.

- Rettich schälen und in feine Spaghetti schneiden. Zu der Schokolade geben und alles vermengen. Mit einer Gabel in kleinen Portionen wie Spaghetti aufwickeln und auf einen Teller geben.

Tipp Darauf achten, dass die Nudeln nicht zu lang werden, da sonst das Aufdrehen schwierig wird.

Nährwerte pro Portion:
270 kcal • 4 g E • 24 g F • 7 g KH

Wie das duftet!

Apfel-Karotten-Nudeln in Vanillesauce

Für 2 Portionen
15 Min.

2 Karotten (ca. 150 g) • ½ Apfel (ca. 50 g, z.B. Braeburn) • 1 TL Butter • 2 EL Erythrit • 150 ml Milch • 1 Vanilleschote • 1 gehäufter TL Guarkernmehl • 1 TL Zimt

- Karotten putzen und in schmale Spaghetti schneiden. Apfel schälen, vierteln, entkernen und in mittelbreite Spaghetti schneiden. Butter schmelzen und 1 EL Erythrit unterrühren. Karotten und Apfel dazugeben und kurz anbraten, auf der heißen Platte stehen lassen.

- Milch erhitzen, 1 EL Erythrit und Vanillemark hinzufügen. Guarkernmehl langsam einrühren.

- Gemüse in 2 Schüsseln geben, Vanillesauce darübergießen und mit Zimt bestreuen.

Nährwerte pro Portion:
130 kcal • 3 g E • 8 g F • 11 g KH

Eine beerige Verführung

Sellerienudeln in Beerenkompott

Für 2 Portionen
15 Min.

300 g Himbeeren • 100 g Blaubeeren • 200 g Sauerkirschen • 100 ml Wasser • 1 TL Guarkernmehl • 1 TL Zimt • 1 Msp. Stevia oder 1 EL Erythrit • 1 Sellerieknolle

- Beeren waschen. Sauerkirschen waschen und entsteinen. Früchte in einen Topf geben und zum Köcheln bringen.

- Wasser hinzufügen und Guarkernmehl langsam einrühren. Zimt und Stevia hinzufügen. Den Topf vom Herd nehmen, sobald die Masse fest wird.

- Sellerie putzen, in feine Nudeln schneiden, unter das Kompott mischen und servieren.

Tipp Das Kompott kann auch ohne Guarkernmehl zubereitet werden. Dann das Wasser weglassen, damit es nicht zu flüssig wird.

Nährwerte pro Portion:
180 kcal • 7 g E • 2 g F • 34 g KH

Feine Kombination mit Nuss

Birnen-Nudel-Salat

Für 2 Portionen
15 Min.

2 Birnen (ca. 300 g) • ½ Zucchino (ca. 150 g) • 1 Orange • 1 kleine Handvoll Walnüsse (ca. 25 g) • 1 TL Zimt

- Birnen schälen, halbieren und entkernen. Zucchino putzen, waschen. Beides in kurze, sehr schmale Nudeln schneiden.

- Orange filetieren und in feine Scheiben schneiden. Walnüsse grob hacken. Orange, Zimt und Walnüsse in eine Schüssel geben. Die Nudeln untermischen und servieren.

Tipp Besonders gut schmeckt das Dessert, wenn es 1 Stunde ruht.

Nährwerte pro Portion:
210 kcal • 4 g E • 9 g F • 32 g KH

Passt zu vielen Gemüsesorten

Mohn-Vanillesauce mit Gemüse

Für 2 Portionen
15 Min.

400 ml Milch • 2 EL Erythrit oder 2 Msp. Stevia • 1 Vanilleschote • 1 gehäufter TL Guarkernmehl • 50 g Blaumohn • 400 g Gemüse nach Belieben (z.B. Gurke oder Rettich) • 1 EL Mandelsplitter

- Milch in einem Topf unter ständigem Rühren erhitzen (nicht kochen). Nach und nach Erythrit oder Stevia und Vanillemark unterrühren. Guarkernmehl nach und nach unterrühren. Sobald die Milch fest wird, den Mohn dazugeben und den Topf vom Herd nehmen. Auskühlen lassen.

- Gemüse schälen und in schmale Spaghetti schneiden. Mit Vanillesauce und Mandelsplittern servieren.

Tipp Etwas aromatischer und würziger wird das Dessert, wenn die Teller vor dem Servieren mit Zimt bestreut werden.

Nährwerte pro Portion:
315 kcal • 15 g E • 21 g F • 17 g KH

Gefüllte Oopsie-Rollen

Gemüse raffiniert versteckt

Gefüllte Oopsie-Rollen

Für 6 Stück

50 Min.

Für den Teig:

- 3 Eier
- 100 g Frischkäse
- ½ Msp. Stevia

Für die Füllung:

- 2 Karotten (ca. 150 g)
- 2 TL Butter
- 1 EL Erythrit
- ½ Mango (ca. 150 g)
- 25 g Bitterschokolade, 85% Kakaoanteil

- Backofen auf 180 °C Ober-/Unterhitze (160 °C Umluft) vorheizen. Eier trennen und das Eiweiß steif schlagen. Eigelbe, Frischkäse und Stevia verrühren. Eischnee unterheben.

- Ein Backblech (ca. 21 × 3,5 × 31 cm) mit Backpapier auslegen, Teig darauf glatt streichen und 25 Min. backen. Auskühlen lassen.

- Karotten putzen und in feine Spaghetti schneiden. Butter erhitzen, Karotten mit Erythrit 5 Min. anbraten.

- Mango schälen, Fruchtfleisch fein pürieren. Den Teig mit dem Fruchtpüree bestreichen. Karotten längs darauflegen, mithilfe des Backpapiers von der langen Seite her aufrollen und in 6 Rollen schneiden.

- Schokolade im warmen Wasserbad schmelzen. Schokolade mit einem Löffel über die Rollen sprenkeln.

Nährwerte pro Stück:

170 kcal • 5 g E • 14 g F • 6 g KH

Gurken-Schokoladen-Muffins

Eine gewagte Kombination

Gurken-Schokoladen-Muffins

Für 12 Stück

55 Min.

Für den Teig:
- 2 TL Butter (ca. 20 g)
- 200 g gemahlene Mandeln
- 1 Prise Salz
- 3 EL Erythrit
- 2 Eier

Für die Füllung:
- 1 Gurke
- 200 g Frischkäse
- 2 EL Erythrit
- 1 TL Zimt
- 40 g Bitterschokolade, 85% Kakaoanteil
- ½ TL Butter

● Backofen auf 175 °C Ober-/Unterhitze (150 °C Umluft) vorheizen. Butter schmelzen. Mandeln, Butter, Salz, Erythrit und Eier in eine Schüssel geben und mit den Händen gut durchkneten.

● Teig auf 12 Muffinförmchen verteilen, mit den Händen auf dem Boden andrücken und an den Wänden hochziehen. Besonders gut funktioniert das mit Silikonförmchen und angefeuchteten Händen. Muffins 15 Min. backen.

● In der Zwischenzeit Gurke schälen, in schmale Spaghetti schneiden und in eine Schüssel geben. Frischkäse, Erythrit und Zimt dazugeben und mit einer Gabel vermengen.

● Die gebackenen Muffins aus dem Ofen holen, kurz abkühlen lassen und anschließend aus den Muffinförmchen nehmen.

● Die Gurkennudeln mit einer Gabel aufdrehen und in ein Muffin füllen. Mögliche Flüssigkeit nicht in den Teig füllen. Schokolade und Butter in einer Schüssel im warmen Wasserbad schmelzen und je einen Klecks davon auf die Muffins geben.

Nährwerte pro Stück:

200 kcal • 6 g E • 18 g F • 2 g KH

Da kommen alle Ingwer-Fans auf ihre Kosten

Schokolierte Zucchinistreifen

Für 2 Portionen

15 Min.

- 1 Zucchino (ca. 300 g)
- 3 TL Butter
- 75 g Schokolade, 85% Kakaoanteil
- 1 EL Erythrit oder 1 Msp. Stevia
- 1 cm Ingwer, daumendick

● Zucchino putzen, waschen und in möglichst feine Spaghetti schneiden. 1 TL Butter in einer Pfanne schmelzen und Zucchini darin kurz und scharf anbraten, bis sie ein bisschen weicher, jedoch noch nicht gar sind.

● Schokolade grob hacken und mit der restlichen Butter in eine Schüssel geben und über dem warmen Wasserbad schmelzen. Erythrit unterrühren.

● Ingwer schälen, in feine Streifen schneiden und zu den Zucchini geben. Zucchini zur Schokolade geben und alles vermengen. Die Spaghetti mit einer Gabel aufwickeln und auf einem Teller auskühlen lassen.

Tipp Wer es scharf mag, kann die Schokolade noch mit 1 getrockneten Chilischote verfeinern. Dafür eine Chilischote mahlen oder sehr fein schneiden und unter die Schokolade rühren.

Nährwerte pro Portion:
400 kcal • 6 g E • 37 g F • 9 g KH

Diese Kreation ist köstlich und ein wenig mächtig

Schoko-Erdnussbutter an Rettichnudeln

Für 2 Portionen

15 Min.

- 80 g Erdnussbutter
- 150 g Vollmilchjoghurt
- 2 EL Erythrit
- 25 g Bitterschokolade, 85% Kakaoanteil
- ½ Rettich (ca. 400 g)

● Erdnussbutter in einen Topf geben, auf mittlerer Stufe erwärmen. Herd ausschalten. Joghurt und Erythrit zur Erdnussbutter geben.

● Schokolade mit einem Messer grob hacken und in die Sauce rühren. Rettich schälen, in schmale Spaghetti schneiden und erst kurz vor dem Servieren in die Sauce geben.

Nährwerte pro Portion:

410 kcal • 16 g E • 30 g F • 20 g KH

Zutaten-Register

A

Apfel-Karotten-Nudeln in Vanillesauce 80

Artischocken
- Pastinaken mit Artischocken und Huhn 27

Auberginen
- Auberginennudeln mit Käsesauce 60
- Überbackene Auberginennudeln 57

Avocado
- Avocado-Limetten-Krautsalat 53
- Grüne Pastasauce an Rettichnudeln 44

B

Beeren
- Himbeercreme an Gurkennudeln 79
- Sellerienudeln in Beerenkompott 80

Birnen-Nudel-Salat 81
Bruschetta-Nudeln 35

C

Champignon-Salat mit Peperoni 36
Chiapudding mit Mangonudeln 75

E

Eier
- Eiersalat mit Rettich-Gurken-Nudeln 39
- Gefüllte Oopsie-Rollen 83
- Knusprige Zucchini-Pasta 44
- Schinkennudeln mit Ei 71
- Überbackene Auberginennudeln 57

F

Fisch
- Band-Zudeln mit Sahne-Lachs-Sauce 65
- Heringssalat mit Karotten und Rettich 39
- Lachs mit Bambussauce an Gurkennudeln 59
- Rucola-Salat mit geräuchertem Lachs 33
- Zucchininudeln mit Thunfisch und Kapern 67

G

Garnelen
- Garnelen und Spinat an Lauchnudeln 71
- Lachs mit Bambussauce an Gurkennudeln 59

Geflügel
- Gurkennudeln mit Huhn und Koriander 37
- Hühner-Gemüsenudel-suppe 31
- Huhn-Kokos-Curry 72
- Huhn und Champignons an Gurkennudeln 63
- Pastinaken mit Artischocken und Huhn 27

Gurken
- Bruschetta-Nudeln 35
- Der Wochenend-Salat 28
- Eiersalat mit Rettich-Gurken-Nudeln 39
- Griechischer Nudelsalat 55
- Gurkennudeln mit Huhn und Koriander 37
- Gurkensalat mit Kräuterquark 28
- Gurken-Schokoladen-Muffins 85
- Haselnuss-Champignon-Creme an Gurkennudeln 56
- Himbeercreme an Gurkennudeln 79
- Huhn und Champignons an Gurkennudeln 63
- Pistazien-Creme an Gurkennudeln 53
- Rucola-Salat mit geräuchertem Lachs 33
- Scharfer Gurkennudelsalat 36

H

Haselnuss-Champignon-Creme an Gurkennudeln 56
Heringssalat mit Karotten und Rettich 39
Himbeercreme an Gurkennudeln 79
Hühner-Gemüsenudelsuppe 31
Huhn-Kokos-Curry 72
Huhn und Champignons an Gurkennudeln 63

K

Karotten
- Apfel-Karotten-Nudeln in Vanillesauce 80
- Der Wochenend-Salat 28
- Gefüllte Oopsie-Rollen 83
- Heringssalat mit Karotten und Rettich 39
- Hühner-Gemüse-nudelsuppe 31
- Karotten-Sesam-Salat 29
- Orientalische Karotten-Pasta 47
- Pfefferminz-Karotten-Nudeln 77
- Rucola-Käse-Salat 31
- Thai-Nudelpfanne 48
- Tomaten-Sardellen-Nudeln 64

Käse
– Auberginennudeln mit Käsesauce 60
– Bunte Gemüsenudeln mit Gorgonzolacreme 47
– Champignon-Salat mit Peperoni 36
– Cremige Paprikanudeln 43
– Frischkäsecreme an Sellerienudeln 49
– Griechischer Nudelsalat 55
– Grüner Spargel mit Minze und Tomaten 41
– Paprikasalat mit Frischkäse 37
– Paprikasalat mit würzigem Feta 29
– Pistazien-Creme an Gurkennudeln 53
– Scharfer Gurkennudelsalat 36
– Spinat-Ricotta-Pfanne 45
– Veggie-Pastaauflauf mit Gorgonzola 43

Kohlrabi
– Hühner-Gemüsenudelsuppe 31
– Karotten-Sesam-Salat 29
– Kohlrabinudeln in Pfefferrahm-Sauce 48
– Rucola-Käse-Salat 31

Kürbis
– Band-Zudeln mit Sahne-Lachs-Sauce 65
– Kürbisnudeln mit Salbei 51

L

Lachs
– Band-Zudeln mit Sahne-Lachs-Sauce 65
– Lachs mit Bambussauce an Gurkennudeln 59
– Rucola-Salat mit geräuchertem Lachs 33

Lauch
– Garnelen und Spinat an Lauchnudeln 71
– Paprika-Pasta mit cremiger Lauchsauce 51

M

Mohn-Vanillesauce mit Gemüse 81

N

Nudelauflauf, griechischer 55

P

Paprika
– Cremige Paprikanudeln 43
– Griechischer Nudelsalat 55
– Gurkennudeln mit Huhn und Koriander 37
– Paprika-Pasta mit cremiger Lauchsauce 51
– Paprikasalat mit Frischkäse 37
– Paprikasalat mit würzigem Feta 29
– Überbackene Auberginennudeln 57
– Veggie-Pastaauflauf mit Gorgonzola 43

Pastinake
– Huhn-Kokos-Curry 72
– Pastinaken mit Artischocken und Huhn 27

Pilze
– Champignon-Salat mit Peperoni 36
– Haselnuss-Champignon-Creme an Gurkennudeln 56
– Huhn und Champignons an Gurkennudeln 63
– Paprika-Pasta mit cremiger Lauchsauce 51
– Rindfleisch-Kräuter-Salat 35
– Zwiebel-Champignon-Gemüse an Nudeln 55

Pistaziencreme an Zucchininudeln 45

Q

Quark
– Gurkensalat mit Kräuterquark 28
– Himbeercreme an Gurkennudeln 79
– Pfefferminz-Karotten-Nudeln 77

R

Rettich
– Chili-Schokoladen-Rettichnudeln 79
– Eiersalat mit Rettich-Gurken-Nudeln 39
– Grüne Pastasauce an Rettichnudeln 44
– Heringssalat mit Karotten und Rettich 39
– Paprikasalat mit Frischkäse 37
– Schinkennudeln mit Ei 71
– Schoko-Erdnussbutter an Rettichnudeln 87
– Tomaten-Sardellen-Nudeln 64
– Veggie-Pastaauflauf mit Gorgonzola 43

Rind
– Pastaauflauf mit Hackbällchen 60
– Rindfleisch-Kräuter-Salat 35
– Saftige Lasagne 68

Rucola
– Rucola-Käse-Salat 31
– Rucola-Salat mit geräuchertem Lachs 33

S

Schinkennudeln mit Ei 71

Schokolade

– Chili-Schokoladen-Rettichnudeln 79

– Gurken-Schokoladen-Muffins 85

– Schoko-Erdnussbutter an Rettichnudeln 87

– Schokolierte Zucchinistreifen 86

– Zucchini-Nudel-Kuchen 76

Schwein

– Zucchininudeln mit Schweinefilet 64

Sellerie

– Bunte Gemüsenudeln mit Gorgonzolacreme 47

– Frischkäsecreme an Sellerienudeln 49

– Pastaauflauf mit Hackbällchen 60

– Sellerienudeln in Beerenkompott 80

Spargel

– Grüner Spargel mit Minze und Tomaten 41

Spinat

– Garnelen und Spinat an Lauchnudeln 71

Spinat-Ricotta-Pfanne 45

T

Thai-Nudelpfanne 48

Tomaten

– Bruschetta-Nudeln 35

– Der Wochenend-Salat 28

– Frischkäsecreme an Sellerienudeln 49

– Grüner Spargel mit Minze und Tomaten 41

– Grüner Zucchini-Basilikum-Salat 33

– Paprikasalat mit würzigem Feta 29

– Pistaziencreme an Zucchininudeln 45

– Saftige Lasagne 68

– Tomaten-Sardellen-Nudeln 64

– Zucchininudeln mit getrockneten Tomaten 49

V

Veggie-Pastaauflauf mit Gorgonzola 43

Z

Zucchini

– Birnen-Nudel-Salat 81

– Grüner Zucchini-Basilikum-Salat 33

– Huhn-Kokos-Curry 72

– Knusprige Zucchini-Pasta 44

– Pistaziencreme an Zucchininudeln 45

– Saftige Lasagne 68

– Schokolierte Zucchinistreifen 86

– Thai-Nudelpfanne 48

– Zucchini-Nudel-Kuchen 76

– Zucchininudeln in Erdnusssauce 57

– Zucchininudeln mit getrockneten Tomaten 49

– Zucchininudeln mit Schweinefilet 64

– Zucchininudeln mit Thunfisch und Kapern 67

– Zwiebel-Champignon-Gemüse an Nudeln 55

Zwiebeln

– Süße Zwiebelspätzle in Mandeln 77

– Zwiebel-Champignon-Gemüse an Nudeln 55

Bibliografische Information der Deutschen Nationalbibliothek
Die Deutsche Nationalbibliothek verzeichnet diese Publikation in der Deutschen Nationalbibliografie; detaillierte bibliografische Daten sind im Internet über http://dnb.d-nb.de abrufbar.

Programmplanung: Uta Spieldiener
Redaktion: Regina Rautenberg
Bildredaktion: Christoph Frick
Umschlaggestaltung und Layout: Cyclus, Visuelle Kommunikation, Stuttgart

Bildnachweis:
Umschlagfoto: Meike Bergmann, Berlin
Fotos im Innenteil: Meike Bergmann, Berlin

1. Auflage 2017

Printed in Germany

Satz und Repro: Reemers Publishing Services GmbH, Krefeld
Gesetzt in Adobe InDesign CC 2015
Druck: AZ Druck- und Datentechnik, Kempten

Gedruckt auf chlorfrei gebleichtem Papier

ISBN 978-3-432-10384-6

Auch erhältlich als E-Book:
eISBN (PDF) 978-3-432-10385-3
eISBN (ePub) 978-3-432-10386-0

1 2 3 4 5 6

Jasmin Mengele
Low Carb für die Seele
€ 14,99 [D] / € 15,50 [A]
ISBN 978-3-8304-8185-0

Jasmin Mengele
Low Carb auf die Schnelle
€ 12,99 [D] / € 13,40 [A]
ISBN 978-3-432-10290-0

Claudia Lenz
Low Carb High Fat
€ 17,99 [D] / € 18,50 [A]
ISBN 978-3-432-10245-0

Claudia Lenz
Low Carb Minutenkochbuch
€ 17,99 [D] / € 18,50 [A]
ISBN 978-3-8304-8001-3

Bequem bestellen über
www.trias-verlag.de
versandkostenfrei
innerhalb Deutschlands

MADENA

mir geht's gut

Der 3-Phasen-Plan

Er ist die Basis für Ihre Diät. Sie haben trotz Diät keinen Hunger, bleiben ausgeglichen und energiegeladen.

Wer effektiv und gesund abnehmen will, braucht genug hochwertige Eiweiße (z. B. Fisch, Eier, Naturjoghurt), um dem Muskelabbau entgegenzuwirken. Muskeln sind unsere wichtigsten Verbrennungsmotoren – ein Schutz gegen den Jo-Jo-Effekt!

Die Madena Methode

Für gesunden und nachhaltigen Diäterfolg – ohne Hunger und Jo-Jo-Effekt. Das Abnehmen wird einfach, wenn der Fettabbau optimal funktioniert und Sie motiviert und energiegeladen bleiben.

www.madena-lifestyle.de